吉祥如意

辛上邪

My Canada Immigrant Life

过我想过的日子

加拿大移民生活亲历记

［加拿大］辛上邪 著

人民东方出版传媒
東方出版社

前言　美丽的二度人生

移民后，我就把自己的 QQ 签名改成了“我的美丽的二度人生”。不是炫，是真心感受。

35 岁我开始在北京读研究生时，被亲友们普遍评价为“理想化”，原因是那个年龄不应该放下生意跨专业读书。37 岁申请移民时，大家都说我“冲动”，理由是在国内有房有车有人脉，生活得好好的，何必再折腾。39 岁起运货柜搬家来加拿大定居时，送别晚餐上，就有朋友直截了当地评论我“头脑发热”，还有一位语重心长地嘱咐说：“实在不行就回来吧。这个年龄做这个决定真的太冒失了。”

所有这些逆耳忠言的出发点都是“什么年龄做什么事”。多年被忠言逆耳，以至于在国内时，我误以为自己太有个性，成长的速度太慢跟不上年龄的节奏，行动常常“出格”。可是来到加拿大后，我才发现，原来这样的限制根本不存在，世界上原本没有“格”，主动调整才是常态。我还不是王小波笔下那只“特立独行的猪”——虽然我很愿意是，但是貌似我的改变幅度和行动力远未达到它的境界。

搬家后的第二周去辅助移民安置的公司听讲座，主讲人说，加拿大人一生转换六七种职业很平常。人总是在发展变化，社会也在发展变化，随着经历、阅历、生活状态的改变，个人的爱好、理想、愿望随之变化是情理之中的事，那么，对于所从事的行业进行调整也理所应当。因此，当听说某个生意由于店主“退休”而转手时，并非意味着店主都是七老八十。移民加拿大有一种方式就是买生意申请，据说，如果生意经营了七八年，移民局便会认可店主“退休”改行的想法。

我身边有不少此类案例。犬子迪迪的架子鼓老师是土生土长的加拿大人，自幼喜欢音乐。他高中毕业后入职军队，利用军队的假期去上大学，主修 IT。大学毕业后从军队退役，打工，自己也办 IT 公司，同时修完了硕士。可是奋斗数年后，发现自己最喜欢的还是音乐，于是又重拾音乐梦想，晚上教孩子们乐器，白天自己创作。

朋友老王移民来了十年，每一年都在变化。第一年他开车跑遍了大温地区大大小小的公园，原因不是喜欢大自然或户外运动，而是“恐惧”——对环境不熟悉令他感觉不安全。为了克服内心感受，他决定“四处转转”。转够了，对各城市的地理情况充分熟悉后，他觉得踏实了，开始攻克第二个令他不适的障碍——语言障碍。花了一年的时间，他修完了成人高中十二年级的五门课，还拿了全 A。他的英文老师说，教了 26 年 ESL，老王是她第 7 位拿 A 的移民学生。老王那时 45 岁，用他的话说，“真是剥了一层皮”，“经历过，就觉得没有什么比读十二年级更难的事情了”。

除了“逛公园”和补习高中，头两年老王还有其他长期副业——听保险、售房、理财、文化艺术、政治理念等领域的公开讲座、分享推广会，以及坚持做义工。想了解加拿大的医疗体系，他参加了接送老年人去医院就诊的义工组织，忙的时候一周六天“出勤”。服务态度好，真心投入，老王获得了义工组织的表彰。

第三年，老王考了地产经纪。他喜欢看房子，有第一年熟悉地形的基础，一年多的时间带着客户看了近千套房源。他又与听讲座时认识的一位朋友共同办起了旅游网站，重新涉足在国内从事的老本行——旅游。成功试水后，第四年，这一对有旅游情结的搭档正式转向加拿大旅游领域。一路发展到现在，如今他们已经是同行中的翘楚。

这类故事说也说不完。我在书中将移民分为五类，第五类华丽转身的皆属此列。

大量移民能华丽转身，除了自身的认知、执行力比较好，更重要的是加拿大社会的宽松、开放给予他们转身的空间。

在加拿大，求职简历上不必写年龄、性别、婚姻状态、籍贯、族裔、宗教信仰、身高、体重等“个人信息”，甚至连学历都不必写上去。比如，一个经济学博士打算申请汽车修理的岗位，只要提供符合岗位要求的执照、培训证书等即可，而不必附上博士学历证明等材料。提供材料的目的是证明有适当的工作能力，不是要审查个人生活。

个人生活的时间、空间皆不可侵犯。不仅求职不必拿出个人资料，入职后，单位也不能要求员工随时加班、接工作电话。因为加拿大人认为，工作的目的是为了更好地生活，如果为了更好地工作而打扰到生活，那就得不偿失了。

加拿大人对私人生活空间的捍卫还表现在，只要他人不破坏公共秩序、不影响别人或环境，无人会去评判其穿着、举止、选择。以貌取人、以服饰或消费去判别对方的“社会地位”和收入纯属无聊、无知和粗鲁，至于催婚、催育，以及评价别人的外貌、性格、工作、生活选择等，更是不可思议。在这里，只要不违背法律，任何人都可以完全、充分、自由地展现自己，过自己想过的日子。

加拿大社会提供的“自由转身”的空间还包括充足的学习空间。不会，可以去学——这是加拿大人普遍的信念。

加拿大人讲规则。规则制定前多方讨论，制定后严格遵守。许多事情都有流程，都要按照既定的规则去办。即使申请一个“简单”的义工，刚开始都会领到一份或多份资料说明，有的还要参加培训，要求先学习再介入。相应的，各大专、大学开设了五花八门的培训课程。学校的任务首先是帮助社区发展，之后才是获得适当利润，这就保证了这些课程的内容、时间、价格的实用、合理。一位邻居发现自己的能力跟不上公司要求，便一声不吭地报了大学的课程，每周一次的夜课硬是坚持了三年，一级级提升。

社会肯给新人机会也为“自由转身”提供了可能性。老资格固然吃香，新人也不是没有机会。新人不会自卑或底气不足。还是那句话，不会的多学。每年大量的高中毕业生直接步入社会，他们的就业率都不低。对于“空降”的移民而言，尽管有语言、文化、风俗等差异，但求职也并非难如登天。

另外，新人们的“底气”还有一个信念支持——不熟悉的多练。有一次我开车去 4S 店，误入露天仓库，在里面密布的车阵内只能倒出去。菜鸟技术及没有倒车雷达、相机，让我不知如何是好。4S 店的一位女士见状，过来帮我倒车。我夸奖她水平高，她则淡定地回答，她刚来工作时对长距离倒车不“舒服”，于是找没人的地方苦练一周，之后无论在什么地方倒车、以什么角度倒车都不是问题。

在这里，能否抓住机会全看实力。行就是行，不行就是不行，没有什么人情问题。我能专事写作，也是得益于此。刚来的第一年，我偶然参加了一个大型文学比赛。一年后，收到了评比结果，我创作的诗歌和小说竟然都获了奖。颁奖时，组织者说，之所以花费一年才出结果，是因为完全盲评，需要各评委都认真阅读再回复。之前我的文学写作经历很少，更与文学圈没有交往，在全加拿大范围的比赛中能获奖着实意外。

有了这次比赛的鼓励，我的写作之路也越走越宽，越走越远，一直走到现在。在尝试过中文教学、商务翻译、商业策划等之后，我将写作选定为“第二段人生”的主业，常有人听说我的故事后表示惊讶，想了解我如何能从商人转向学者，如何能成为专栏作家，图书作品不断。我会打趣地回问："想听长的版本还是短的版本？"其实长版本、短版本没啥区别，我并无独门秘籍或法宝，能有今天诸多的"不可思议"，最主要的原因是加拿大给予的高度自由。

闲暇时和先生聊天，我们都憧憬着"第三段人生"——等迪迪上大学后，我俩就可以不受照顾孩子的限制了，不必定时定点地为孩子做三餐，也不必为接送孩子上学和课外班奔波，那时就能更加尽情地按照我们自己的意愿去生活了。他的计划是写完普及版的中国通史故事，再去好好学学英语，参选些喜欢的社团，多做义工。我则考虑补习完成人高中，争取去大学重新读个专业，说不定我还能像老王那样拿个全 A。套用一句广告语：在加拿大，一切皆有可能。

目录

第一章　移民后我的人生重启

第二章 资本主义的桥也不是好过的

第一章　移民后我的人生重启

一波三折的移民申请

一

第一次动心移民时我还不到三十岁。那时还没有孩子，做生意也顺畅，生活、工作都蒸蒸日上，我还是突然萌发了移民的想法。

记得是在网上查资料，无意间找到一篇介绍新西兰的文章，配着图。一下子就让我动心了。套用文艺的说法，就是打开了尘封的记忆——20 世纪 70 年代末被勒令学英语，中央电视台和 BBC 合作的《跟我学》跟着看下来，英语单词没记住几个，可是对节目中外面的世界印象深刻——他们言谈的礼貌，人和人之间关系的简单、和善，生活面貌的不同等为我打开了一扇窗户。

动心后完全没有任何理性思考，我就是想出去，便直接去联系移民公司开始申办。一打听才知道，当时澳大利亚、加拿大的政策在紧缩，只能办新西兰的。移民顾问还说，新西兰的政策也马上要收紧，建议我立即准备。我没当回事，以为他是为了促成生意才这么说的。结果等我从容淡定地复习了雅思，考完后提交申请，新西兰政策果然变了。我的条件已经不符合了。

这次的申请未果给我一个教训：移民政策真的是瞬息万变，如果决定移民，就要尽快动手。

移民新西兰申请失败对我也没什么大影响，好处是熟悉了流程、复习了半年雅思，生活、工作仍然在固有的轨道上继续。差不多又过了七八年，我第二次萌发了移民的想法。

二

第二次想法的萌发源于一张澳大利亚的“售房＋移民”的广告。

那时北京的房价刚有上涨的趋势，澳洲的房子卖价很便宜，比当时北京的房价便宜。我算了算，独立屋，就是我们国内说的别墅的价格，和我们那时刚买的公寓的钱差不多。我有很多书，家里的地方不够大，书都被放在办公室和父母家里。看了那张广告，我随口说，还不如去澳洲买个房子呢，书就都能放下了。

这当然是开玩笑的话。我虽然做事情容易冲动，但还没有冲动到为了买所房子放书就抛家舍业地移民。

可是那一次，很意外的是，素来反对移民、反对出国的先生没有提反对意见。先生反对移民是因为他的英语特别不好。他的英文有多不好？我们移民来加拿大之后，参加了政府提供的免费语言测试，他的结果是 1 级。1 级是什么概念？ 0 级是不懂字母表的，1 级是学过字母表的。

可是为什么这一次他同意了，即使面临英语太差这样巨大的难题？答案是我们遇到了更大的难题——孩子第二年要上学了。我们住在北京朝阳区五环以外，基本上是个城乡结合部，没有多少好小学。就算有，我们也没有北京户口。

而且，我们想凑合都不行。有一个早晨，在送孩子去幼儿园的路上，还在上中班的孩子突然郑重其事地说："爸爸，明年我就要上小学了，你可要给我找个好小学。"这是他的原话。我不知道他从哪里学来的这句话，但是对先生是个很大的触动。

孩子三岁时，我淡出生意，考了研究生。淡出的主要原因是我厌倦了生意应酬，为了订单的可能性去喝酒。因此，我早就和先生说过，将来孩子上学找学校求人的事情由他来承担。他是个很内向的人。于是他理性地做了个选择——在挑战英语和求人择校之间，选择了前者。他问我，"你说的那个移民，过去之后是不是就不要择校了？"我说是的。他说："那你就去办吧。"

三

先生这个选择还是很理性的。趋利避害，我们做选择可以从求利的方向去做，也可以从避害的方向去做。所谓避害，就是看看面临的困难，哪些是你经过个人努力能解决的，哪些是你经过个人努力不能解决的。前者，多努力；后者，早放弃。英语是个人努力能学好的；求人择校却不一定通过个人努力就能达成，更何况我还不愿意去求人。

接到去办的“圣旨”后，我就开始着手操办。

首先是找移民公司。我从报上、网上找了几家最大的。我不厌其烦地咨询各家——咨询都是免费的。一定要百折不挠，多问几家，比较的不只是价格，还有服务、工作人员的情商和智商（体现的是企业文化）、工作的流程等各个细节。

咨询了五六家，也去了几家的面谈会场，结果不理想，都说我的情况不能做技术移民，只能做投资移民。我不甘心，继续寻找移民公司去问。又问了两家，有一家给我回复说，他们认为我的条件很好，只要我愿意复习英语考雅思，很适合做技术移民。

当时投资移民还不算贵，一两百万元人民币，耗费至少三四年；而技术移民手续费只要一两万元人民币，一两年就能办完。

我当然愿意去考雅思了。还是那个道理，考雅思是我自己能掌控的，而投资移民中申请的时间和花费的金额是我的努力不能改变的。

按照当时的政策，我比较符合澳大利亚的条件。于是我开始雅思备考。等考完了，澳洲政策改了，我的条件不符合了。移民顾问问我：“加拿大去不去？”只要我能及时完成硕士学习，雅思再多考

0.5 分，我就有可能申请加拿大的。我说："去！"

四

最终，从动心到考三次雅思、写完硕士论文，一共花了 9 个月的时间。经过一场奋战，我在次年 3 月底递交了材料，并按计划顺利补交了材料。就在我交材料两个多月后，加拿大的政策也改了，我的条件又不符合了。不过那时我已经"上车"。

我的移民是试了三个国家，递交了三次申请，一波三折，终成正果。这里还有另一个经验分享给大家，这个经验是一位在外企的朋友说的。她的很多同学、同事都移民了，在我饱受等待的煎熬的时候，她说，她的朋友群里流传一句话——只要你想移民，你早晚能办成功。

信念、信心很重要。不只是移民，其他事情也差不多。所谓吸引力法则嘛。你想了，才有可能发生，发生了才有可能成功。

申请移民时还有一个笑话。先生盲目信任我，让我调研移民后的生活费用。我数学不好，不知道怎么算的，算出来一年只需要十万人民币。他很诧异。他说，这个费用如果在国内也不算高啊。如果孩子上私立学校，还不止这个钱。如果出国后的生活又经济又好，为什么大家不出国呢？我就鼓励他说："人和人最大的差别在于勇气。很多人是没有勇气踏出这一步。"就这样，在我的鼓励下，他也勇敢地踏入了新的生活。

其实我这个账算得还不算夸张。真的是勇气最重要。备考雅思口语时，和我一个复习班的同学比我还勇猛——他真的只有十万元人民币的存款，但是也一样来了加拿大。

去留之间

很多亲友关心我移民后的生活状态，除了具体的生活细节，如饮食、购物、交通、住房、医疗、教育、工作、经济来源、与父母团聚等，还有一些感想方面的发问。细节问题有数据说话，感受方面则比较复杂，如果用文字表述，大约只能写散文抒怀。所以我总是概括回答说："移民是开始了第二段人生"。

第二段"加漂"人生和第一段"北漂"人生的相同之处是都要从零开始；不同之处是，现在的我已非二十年前的那把嫩葱了——即使没有成长为良木，也有做老葱的资格。虽然初出茅庐时的无知无畏的勇气、熬通宵的体力、过目不忘的记忆力已然不在，但有了阅历、包容心，也更顽强。因此，应付新世界的种种挑战和陌生反而觉得更容易。初来加拿大，没觉得比当年刚开始北漂时更难。

"北漂"十多年后的"加漂"，文艺些说，是在出发、抵达中转换。

移民的人生轨迹其实都是如此。如果总结移民的状态，可以是来了、走了、留下了。根据对周围移民朋友的真实故事的分析，我将移民后的状态分为五类。

第一类，移民是一场瞎折腾。移民首登或住了一段时间后，发现和想象的不是一回事儿，或感觉完全不能适应，迅速回流。这样的人大有人在。移民局的统计材料显示，移民一年内回流的比例高达移民总数的一半。

当初，听说我要移民时，亲友们反馈来几则负面消息。要好的大姐告诉我，她家亲戚十年前就办过加拿大移民。可惜去了两个月，发现万般皆难。在国内时，她家亲戚夫妻都是公司主管，而去了新地方，言语不通，什么都不懂，工作也不好找。先生好不容易找到一个工作，又因为不会开车而放弃。夫妻俩一点儿都没觉得温哥华是人间天堂，反而是感到“热闹是他们的，我什么都没有”，不到两个月便打道回府，永不再来。

相熟的中学同学给我讲了他的大学同学的故事。他大学同学在国内是心外科医生，操刀手术颇有名气。因为北美要求医生必须要有当地的执照，而当地执照要经过一两年的回炉深造才能考取，心外科大夫发现自己连兽医都做不了，来了一个月便回国了。

这些来了就走的，一般都是没花多少时间和金钱就获得移民资格的技术移民。而花几百万人民币（现在要几千万了）投资移民来的，至少是把孩子留下来、保住移民身份后父母再回流。我的贷款经理、报账的会计、先生所教的学生的家长，都是中学生跟着父母移民来，读大学时，父母回流，他们自己留下来学习、生活，申请入籍。可见来之不易（花大价钱买的、苦苦等待才出现的、苦心经营才获得的）的东西（移民身份）大家都懂得珍惜。

第二类，抱怨满满地留下来。留下来生活，却不停地抱怨，好像是被强迫留在这里似的。虽然移民局认为，十年以上的居民基本能本地化、安心扎根，但在抱怨中留下来的人在十年以上的老移民中也能遇到几个。

抱怨大体分两大类。一类是看到祖国繁荣昌盛、经济腾飞，留在国内的同学、同事都发达了，而感到失落产生抱怨。

一般谈话的开始是秀国内亲朋的成功状态，继而是“如果我当初没走”“如果我留下来”，接着是批判现在的“悲惨生活”。“咱这儿房子虽然大，一说就是两三百平方米的 house，可是房价上不来啊！将来你卖了房子想养老，还不是没钱吗？你看看北上广，人家那个房价！那卖一套是一套啊！”

如果止于此，算个人反省，但他们往往不甘独自落寞地把听众也拉扯进来，“你看，比如你吧，如果你不来这里，那肯定在国内大学找个教职没问题，何必在这里教小孩中文呢？”或者更“一针见血”地直接对别人的生活给予评语，“老马现在这样，还不是瞎混、讨口饭吃嘛，哪有在国内当CEO好啊！”问题是，谁告诉他“如果”了，就“肯定”能达到他们的愿望？他又是否问过老马自己怎么想的？他们可能从未仔细分析、思考过，只是甘愿沉迷于自己的假想，永无止境地抱怨下去。

另一类抱怨来得比较“高大上”，与物质生活无关，而是比较形而上地着眼于“文化比较”。

“西方人也势利着呢！你别看他们平时见谁都笑嘻嘻的，其实心里不定怎么评论你呢！”“歧视华人——那是肯定的啊！这都不用想的。”“你还别嫌国内出租车司机骂‘三字经’。这边西方人也有骂人话，只是不明说！”“这边好什么好啊？是，风景好、环境好、空气好、人少。可是寂寞啊！大家看起来都挺好，可是谁和你谈心啊？一下班都各回各家了。”各种空穴来风。不过，世界就在那里，每个人出发点不同，看法也不同。

第三类，带着遗憾不得不走。我所接触的回流移民中，这类是主体。

网友在微信群中卖二手家具，写明就是“钱花光了，不得不回流”。有人问是否连房子也卖了，答曰：房子不卖，还打算有朝一日赚了钱再回来住呢。

朋友 TT 暑假也要回流一段时间。老大今年高中毕业，去多伦多上大学。先生还要坚守在国内上班，父亲去世，TT 想带着老二回去陪陪妈妈，也和先生踏实团聚几年。先生的枫叶卡今年刚换。他们信心十足地要在三四年内全家都搬回来。那时老二也高中十或十一年级，是大学申请加劲儿的时候。

一同上移民免费英语补习班认识的女友 G，和我几乎同时来的，这个暑假要回去了。她先生在国内的工作越做越好，无论从薪水还是成就感上，都不舍得辞职。她一个人带两个孩子，确实也辛苦，而且长期分离对家庭稳定不利。来的时候，她是抱着“蹲移民监”的心态。但来了这几年，她切实地爱上了这个国家。不仅享受这里的好，也切实在意本地利益——当听说加拿大引以为傲的 Tim Hortons 咖啡连锁店被美资收购时，我们都觉得沮丧。可是，考虑到现实的分离，她又不得不走。G 的房子也是不租、不卖，她想每个暑假都带孩子回来看看。至于要回去几年，尚是未知。

像 G 这样入籍后便回去的，不在少数。G 的芳邻 Y 即如此。她来了之后，督促先生很快也过来陪住。住够三年，立即申请入籍，但为了国内的房产等便利，先生没有入籍，只有她和孩子入籍。快要入籍之前，Y 便在国内撒网找工作，入籍后三口人立即启程。Y 把房子租出去了，她说八年内、孩子高中前不会回来。Y 这样的人很普遍，不止中国移民如此，其他国家的移民亦如此。他们都带着要回来的愿望离开。但俗话说，计划赶不上变化，其中难免有被各种原因绊住回不来的。因此移民局认为，留下来五年以上的，才有可能长期留下来。

第四类，移民后华丽转身。“华丽转身”也是留下来的移民的普遍现象。大多数移民很难重操旧业，都面临新职业的选择。有些人觉得工作难找，而有些人却感觉空间大、机会多。

比如上文的心外科医生，因为回流后，家里又添丁，还是双胞胎，他们面临的养育成本从一个变成三个，最终还是选择回来。这次回来后连兽医也不考虑了，干脆买了家小超市当起了店主。

被负面人士评论为不如在国内当CEO的老马，移民后先炒了几年房地产，觉得没意思，便学了电工专业成了专业电工。他可不觉得自己不如从前。相反，他说，从前是CEO，可每天应酬喝酒，肝儿都毁了。除了在公司吆五喝六地有点儿威风之外，其他时候还是要赔着笑脸四处求人找关系看脸色。而在这里人人平等，甭说电工，就是捡垃圾的都有尊严。他每天四处接活儿，通过自己的聪明才智和灵巧的手艺帮别人解除困难，很有成就感。

我们都认为，移民是在全新的世界中给了自己全新的机会。只要用心、努力，总能找到适合自己的新的方向。

我将我们自己的移民生活也评定为此类。来之前，我从事商业活动，现在是专门坐在家里的“作家”、学者，也算转换了职业。这其中当然与我读博六年的辛苦分不开，却也与移民出来有关——我的一些写作内容，包括本书，皆因在这边生活有感而发。我也再次体验到差异化生存的好处。当你是万绿丛中一点绿时，虽然能感到安全，但却不突出。而成为一点红时，则更有机会被发现。比如我在国内，只能是数不胜数的古代文学博士之一。可在这里，大温地区的中国古代文学博士绝对数得过来。尽管这边需要古代文学博士的机会少，但我反倒有了更大的可能性去得到那些稀少的机会。

先生现在是中文私教，乐在其中。来之前，他的古代文史修养、喜欢讲故事的天分只能用在儿子的培养中，现在可以用于教学中。

学生们都很喜欢他，他也逐渐小有名气——隔壁的隔壁的市立图书馆还多次请他举办过义务的中国文史讲座。

第五类，移民后再创新高。移民后能克服语言障碍、风俗文化差异、人脉之不足，还能让自己的新事业超越在国内的成就，真心不易。不过达到此种境界的人也不在少数。

梅比我早来两年，也是自己拖着两个孩子在这边，先生在国内继续做生意。梅来了之后，突然发现对房地产很感兴趣，手里又有闲钱。依托本地房地产贷款利率极低的优势，几年内，从买房出租，发展到买了地皮盖新房，赶上近两年大温地区房地产热，她赚得盆满钵满。而先生呢，看到梅的地产收益远高于自己在国内打拼，便逐渐将国内生意收缩，资金和精力都用来支持梅的发展，现在也常年留在这边，平时靠电话联系业务，暑假才回国亲自指导生意。两个孩子参加了冰球训练，成绩斐然，老大才上初中，已经有球探打听了。

曾和我一起做义工的小童从本科到博士都是名牌大学、名门导师，出国之前是大学的副教授，马上要评教授了。之所以要出来，是她觉得以后的路可一眼看到头，没有意思。她曾有过短暂婚史，年龄逐渐大了，在国内找到同龄人再婚几乎没有可能。和我这个半路出家、出来后总想找机会去大学教书的状态截然相反，她是一心一意要放弃教职、不想再做研究，一本专业书都没带出来。在我猛写论文的时候，她已去考保险经纪执照了。功夫不负有心人，一年后，她成了优秀的保险经纪人，并且还意外地收获了满意的婚姻。她说没想到出来之后年龄、离异都不是问题了。真是天地广阔、大有作为。

健行队友 DD 在国内时做建筑生意。眼看烂账越来越多，在拿到移民签证后，毫不犹豫地举家搬迁。太太半年后幸运地找到本职工作，他的压力就小多了，开始琢磨自己喜欢的事儿。他开过打印耗材店，期间接触到本地华人社团，便加入社团，又成立了留学生指导协会，自己家也接收留学生。渐渐地，DD 有了一定的社会声望，收入也丰厚起来。来了八年，他才第一次回国，两边父母轮流过来度假探亲——因为他太忙了，自诩为“加拿大第三大忙人”。有点儿空闲还想四处旅游，都自驾去过墨西哥了。在开店时，因为每天有现金，DD 迷上了硬币收藏，继而进军西洋瓷器收藏。他熟悉本地各大古董店的打折日期，定期去周围古董店淘宝，时而晒出新入手的宝贝。因为要查这些古董的资料，英文也跟着突飞猛进。

奋力逆袭成功者也不乏其人。M 和丈夫一起登陆加拿大，先生提出来极度不适应，一周后便回去，鼓励太太留下坚守。没多久，先生提出离婚，又没多久，先生和曾经断掉的第三者结婚。来的时候就没带什么钱，先生回去后又不再寄钱过来。M 靠兜里的两百加元顽强地生存下来。如今英语说得和本地人一样，买了房子买了车，爱上了摄影，还做起小生意。当 M 告诉我这个故事时，我觉得她前夫的移民就是为离婚再娶铺路，不过 M 不愿意把人想得太坏，她还是坚持是两个人不能比翼双飞才导致家庭破裂。这样说来，这也算第五类的极端案例。

移民的故事说也说不完。每天都有新移民来，每天也有旧移民离开。移民的去留可谓围城类故事的典型。北美的中国大陆移民人数据说有数百万之巨，那便有数百万个各不相同的故事。无论去留，只要是自己认真选择的，就是对的。而人生的智慧也在去留的选择中被一次次拎出来应试。

移民后我的人生重启

一

拿到移民签证时，我对于未来的生活基本上完全不了解。看了很多网页，读了不少移民的博客，也去泡移民网站，但是对于移民生活的具体情形、刚搬家过去后需要落实哪些步骤还是一片茫然。

一方面是当时还不善于查阅资料，另一方面还缺乏“自己的事情自己负责”这种意识。移民生活和国内生活的区别很多、很大，最大的一个思想方面的区别就是——移民后的独立意识加强了，对于自己的责任、义务、权利的意识增强了。

在国内时，政策归政策，和自己关系似乎不大，一些福利的申请不是那么容易，一些事情按部就班地去做也不大容易。比如办理护照、给孩子上户口等，规则写在那里，但是按照规则去办，却很难一次办成，总有意外。所以时间长了，习惯了办事情先找人，实在找不到人，就去了再问——问一次肯定搞不定。对于事先查好了资料，照章填表办事反而不习惯。

我也是带着这样的心理来移民的。当时我的一位在海外生活多年的亲友就批评我说，这样的人生太混乱，缺乏计划。

在她的帮助下，我们的首登非常顺利。事先在国内开好了加拿大的银行户头、转了生活费过去，并和银行约好了见面时间，订好了这边的家庭旅馆，和旅馆的主人商量好办事时间，再雇用他的车送我们去办事。

飞机抵达后，家庭旅馆的人来接机。次日，送我们去办理工卡的地方。办完事，银行行长去接我们到银行。之后，家庭旅馆的人又去接。接下来的几天，每天由房屋经纪人带我们去看房，回来时我还顺便买菜，在家庭旅馆做饭。那几天我们很幸运地找到了自己喜欢的城市和房子，在银行、房屋经纪人的协助下，临上飞机前签完了购房合同。

二

三个月后，我们正式搬家过来，并把所有的藏书都带来了，实现了我把书都放在一起的梦想。

实事求是地说，登陆、安家的手续很简单。主要的原因我分析过，大概有几个方面。

首先，加拿大这边办事的态度是为了方便大众，而非卡住谁。和他们考试一样，考试基本上是为了督促考生学会必要的知识，而非为了考住谁。不着力于“卡下来”“筛选”可能与人口基数有关——加拿大全国只有3400万人，还不如中国一线大城市的人多，国土面积却和中国差不多。

办事流程比较简单，规则也简单。定了的规则，就照章执行。无论多么复杂的事情，按照他们给出的清单准备材料，就一定能顺利通过，不会节外生枝。

前天早晨，我帮朋友的公司在线年检，只用了不到十分钟。注册日那天，收到提醒年检的电邮，上面写好了登录网址和登录的信息。登录后，根据提示，三四步就做完了信息核实，划卡缴费，含税不到45加元。简单的一个前提也是由于人少，做坏事的人也少，防范性差。

甚至在你材料没有准备得那么好的时候，他们会帮助你协调。我给孩子改名字时，给政府部门寄去文件。过了两周，政府工作人员给我打电话，说在审核我的表格，她觉得我可能把一个数字填错了。经她询问，我才意识到把结婚的时间和孩子的出生的年份正好填写颠倒了。本来我还挺担心的，怕她退材料，因为当时等着那份文件要办另一份重要的文件。没想到她听完我解释后，笑着说，“我就猜到你填错了”。说完了就没事儿了，也没有批评教育警告，说她现在就通过，过两天我就能收到文件了。

三

在加拿大，让我感到最放松和喜欢的是以诚实为本，也相信别人的诚实。大家说话都客客气气，尊重对方的界限。在这里，用心做个好人，就会有好的人际关系和社交回报，心情很放松。骗子当然有，不过比例很低。一般的日常生活、购物中不需要操心太多。

不过对有些人来说，还存在一个生活自理能力受到挑战的问题。因为许多移民在国内有司机、保姆照顾，来了这里之后，只能亲力亲为。有的人认为这是一种痛苦，可是我认为，一个人能照顾自己的生活是一种基本的自理能力。每个人有责任照顾好自己。

虽然人们很热心，只要开口，总能找到帮助你的人，但是生活中很多事务要重新学习。找邮局、寄信、交水电费、自己给车加油、买房屋保险、参加孩子学校的活动、给孩子报课外班、参加社区活动、去上免费的语言课、申请相应的福利、处理个人的税务问题、后院的园艺、家里水电暖气的简单维修等，许许多多的新问题都要自己搞定。

而生活问题再"难"都不是大事，最大的问题可能是对自己的重新定位。来到一个全新的环境，以前的熟人、亲友都不在身边，谁也不认识。不再是张总、刘老师，没有了前半生积累的那些荣誉、地位，是完全的小白一枚。更要命的是，这枚小白还不是纯白，由于有之前工作、生活的历练，觉得自己应该能够干点儿什么，有自己固有的一些行为、习惯，又不像真的小白那样能迅速融入新环境。而且英语还不利索，可能能听懂，但是绝对说不明白。

职业重启比重建日常生活要花心思。

四

对于中年人来说，移民后的人生像和生活跳探戈。试试探探，进进退退，但只要认真地揣摩节奏、踏上节奏，还是能跳得不错的。

刚来的时候，逐渐接触到一些政府出资的专门为新移民服务的咨询公司。这些公司里都有专门的职业规划师，帮移民测评、分析，改简历，给出求职建议。我去过三家，也参加过说明会，顾问们对我的前景都不看好。仿佛来了加拿大，如果自己不做生意，就只能从基础的工人做起。

在第三家公司里，当顾问用惊异的表情说“你是博士啊”这句话时，我的脑海里浮现出的是“问道于盲”这个词。忽然明白了为什么这些顾问给的工作指导都如出一辙，因为他们自己的见识、认知就在那里。

甲之蜜糖乙之砒霜。夏虫不可语冰。有些事情在一些人看来是好事，在另一些人看来是坏事。有些事情在有些人看来是优势，在另一些人眼里毫无用处。

顿悟之后，我就踏实地继续完成博士学业，做学术研究和翻译。

尽管没有多大希望在本地大学执教，但我仍然积极地参加学术会，哈佛、斯坦福大学的会都去过了。一个行业中高端的见识、经历也是收获，至少认识到上升空间可能有多大。

感受了学术、中文教学、翻译、商业代理等几个领域后，我选择了自己最喜欢的写作为职业。

写作的发展完全得益于移民搬家。刚开始我写本地生活中的新鲜事，在国内报纸零星发表，开了专栏。再后来又开了专栏写唐代诗人、谈教育。之后在其他的报纸、杂志也开设了专栏。使用微信后，开始为两边的公号投稿，写时评、介绍加拿大社会状况，也写自己的观点类文章、做名人访谈。越写题材越多，视界也更丰富。

我的英语尚可，所以生活中的挑战不算多。先生的英语水平是会背字母表的程度，来了之后，他坚持上政府提供的免费的英文班。为了不影响接送孩子、工作，他上的是晚上的课。无论刮风下雨、大雾大雪，除了几次生病请假，没有旷过课，连续上了四年。如今也基本克服了生活中的语言障碍。

其实不是我们多优秀，是移民生活真的没有想象的那么难。周围认识的人，无论是做保姆移民来的、嫁过来的、读书留下的、技术移民或投资移民，凡是想扎根于此的，都过得不错。

真的是“人挪活”，人挪了才活得更好，就看你是否有勇气去挪动。

一片宽容中的“刀光剑影”

加拿大的社会状况和中国差异很大，最令我感觉突出的就是百家争鸣、百花齐放。从文化来说，多元文化是加拿大的国策。美国是“文化的熔炉”，加拿大是“文化的拼盘”——盘子是加拿大的核心价值观——崇尚自由、平等、友爱。政党和宗教也是一样。党派林立，各种宗教并存，大家互相尊重，互不干涉，但无论对内对外，都在暗中努力扩张自己的势力、竞争激烈。

文化：

文化拼盘最明显的表现是大家可以尽情穿自己民族的服装、吃本民族的饮食、保留各自的节日和风俗，讲自己的语言。其他人不会歧视，不会说三道四。

小学里就在渗透这种观念。最直接的方式是让孩子们“吃顿好的”。通过美食来了解、接纳其他民族。迪迪的小学每年 2 月份都举办多元文化节。“过节”时，愿意参加的家长提前做好本国食物，当日带来。有些需要再加工的，学校提供烤箱。会场设在学校的体育馆里，义工家长提前摆好桌子，按照墙上贴的纸质国旗摆放各国食物。

学生们中午按照班级列队进入会场，每个人领到一只纸盘子，依次走过各桌。见到自己喜欢的食物就请家长义工帮忙在自己的纸盘子里放一个。每次只能要一个，这是这边的规矩。一圈走下来，孩子们盘子里也堆得差不多了。孩子们都明白不能贪多，不能浪费，所以盘子满了便不会再要。一般是老师带着回班里吃。对于吃不饱的孩子，还可以单独过来补充。

我去做过几次义工，其中有一次除了准备茶，还和先生一起包了粽子。那一次，粽子在午餐上深受中国小朋友的欢迎。根据观察，几乎每个中国孩子都要了一个粽子，而没有一个非华裔的孩子要粽子。一位来自香港的小朋友激动地喊“糯米鸡”！可见粽子在华裔孩子中受欢迎的程度。根据带去的粽子数量，推测孩子学校的华裔学生有三十个左右。这个华裔包括中国大陆和港澳台、新加坡——学校把新加坡的国旗也贴在这里。

政党：

周六下午，有人敲门。是先生参加的政党候选人来拉选票。华人通常不喜欢参政，致使世界各地的华人声音式微。前几个月，台湾来的老移民 W 来拉家里同学支持他当选时，我们欣然同意。这位 W 先生一贯热衷华裔公益事业，他说现在家里孩子也大了，能腾出手做些想做的事情，希望能从政。他希望竞选省议员，如果成功——年薪有十几万——这个是我理解的附带的经济利益。他参加了一个小政党，要先成为这个政党的推荐候选人，才能参加省议员竞选。他邀请先生将来投票给他。为此，先生要先加入这个政党。于是在填了表格、交了十块钱后，先生就成了某党党员。

四月份要开始竞选。三月份是党内选举。这次党内连同W先生，一共四位候选人。已经收到两位候选人寄来的自我介绍资料。这次敲门的是第三位。先生听不懂英文，所以我来代听。除了候选者，还跟了个助理，在旁边不知道记录什么。候选者言简意赅，态度可亲，询问先生是否去选举。我说是，他问知道选谁吗。我没好意思直接说W先生，不过对方很明白，马上说："W先生非常了不起。我们有四个选项，如果你先生能在首选W后，第二个选我，我将不胜感激。"他们也没进门，站在门口说完后就走了，估计是直奔下一个党员家里。

客人走后，我仔细看了这位候选者的资料，还真了不起——年轻时是著名的摔跤运动员，曾代表加拿大参加奥运会，参加过两次世锦赛，后来去大学读书，毕业后从事慈善工作多年，主要致力于帮助穷困居民。

我和家里的党员念叨，是否第二个选他。党员同学意志坚定地说："不，W让我们最好只选他一个。"可W先生不发竞选材料，这样是不是胜算的可能性更小呢？党员同学说："是啊，所以更不能选其他人了。”

宗教：

党内候选人拜访的次日晚上，家里又来了不速之客。

开门后，看到两位衣冠楚楚的年轻人，都穿着黑色西装和风衣，打着领带，还戴着胸牌。胸牌上是英文和韩文的名字。他俩是白人，不懂为啥要戴韩文胸牌。

互相寒暄问候后，他们直奔主题——他们的“使命”是来传福音。

借着给家里同学翻译的机会，想了想怎么回复这些善良、热心的要拯救我们的使者。我说我们是中国人，有自己的天庭的体系。我不想撒谎，我们其实没有宗教信仰。但中国人确实是有自己的天庭体系，这个没错。他们继续耐心地问，那是否愿意了解些信息，比如网络方面的。再次翻译给同学后，趁着同学摇头的机会我赶紧说，不了，谢谢。使者非常友好，向我们道谢告别。高个子的还双手抱拳，用中文说了句“恭喜发财”——那两天正过年嘛。

如果不想继续了解、探讨，就千万不要接使者们发的材料，无论什么派别、组织来送——这是老移民给的经验。如果为了应付接下来，他们会过一段时间再来，问询看的心得体会，有什么要讨论的。如果说没时间看，他们会过一段时间再来。来的次数多了，也不好意思总说没时间看吧。如果说材料丢了，会及时补发。如果说赞同，那么就会被邀请加入。如果说反对，他们会耐心地讲解、讨论。总之，对方和善、温柔、有耐心，很难拒绝。因此，长痛不如短痛，如果不想发展，开始就要干脆了断，切莫使用拖延法。

投下人生第一张选票，小激动……

这几天特别在意信箱，每天去催先生看信。他很奇怪，都报完税了，等啥呢?

晚饭后，先生拿着一叠广告和信回来了，递给我问，“有你要等的吗?”一眼看到了选票信封，头也没抬地拆信封，“有!”然后就开始忙乎——党选选票来了。

看了两遍填票要求，翻出之前和党友再三讨论的排名顺序，小心翼翼地涂圈，涂之前多次核对名字，唯恐涂错，比开支票认真多了。然后装选票、签名、复印 ID，再统一装在回执信封里。回执信封是免邮资的，可我还是贴了邮票——真心实意地想给我党省点儿钱。

忙乎完了，赶紧在党群里留言，一方面是提醒其他党友填写选票，另一方面也是心情小激动的释放。留言后仍意犹未尽，干脆在朋友圈再发个帖子吧，“生平第一次参加选举”，拍了省选通知和党选信封，为了防止构图单调，放上加拿大国旗的小胸针，又摆了一个川剧服装的功夫熊猫小塑像。仔细品味画面，颇有寓意啊。

党选的事儿已经热闹几个月了。一月份入党后，逐渐了解各位党魁候选人，最后选中了心仪的一位，自动自发地帮他助选。每天在本地各个微信群中转帖发帖，大多数帖子是自动沉淀，也遇到过几次支持的和一次反对的。

有一次相关文章转到我们小区的微信群里，被一位老移民批评。他的意见是："华人怎么折腾也是加拿大社会中的弱势群体，不可能让主流在意。对法令、提案表示支持或者不支持都没用，浪费时间。如果喜欢待下去，就住着；实在觉得住不下去了，就回流或者搬去其他国家。"这位邻居人好、热心，来了近二十年，有稳定的工作和收入，孩子也是在这里生的，理论上应该比我更了解加拿大的现实，所以我也没有和他争辩，只是呵呵两声、配个笑脸儿。

先生也不参加党选。他不反对我入党，但我要发展他入党时，被他干脆地回绝了。他的观点和邻居的有点儿相似，认为投票对大局无用，也懒得卷入"党争"。他说，"如果有我认识的人参选，那我加入，投他一票。现在的候选人我都不认识，都是政客，参选时说得多好都没用，谁知道他上台后怎么样。"这倒也是典型的熟人社会的理论体现。

尽管他对党选不感兴趣，又没有资格参加省选，可他对省选却很热心。"参加省选意义不一样啊，那是代表华人参政意识的觉醒。"一个族裔积极参选有多重要，他非常清楚，前省长简蕙芝当选后答谢印度人的事儿最初还是他和我说的呢。市中心图书馆举办各党候选人见面会的信息也是先生提供的，还主动车接车送。见面会都是说英语，他的英语不好，就去旁边的菜店买菜，之后耐心地等待开会结束。不得不对这位公民家属积极辅助参政的态度表示赞扬!

去参加候选人见面会后，听完了各位候选人的陈述，感觉不分伯仲。执政党的候选人老成持重（熟练政客），最大在野党的候选人世故圆滑（看着像生意人），另一个党的候选人年轻激进（感觉不大靠谱），都是有好有坏。

最大在野党误以为这次会议是伊朗协会独办（其实是华人组织和伊朗协会联合办的），便极尽讨好之能事，不仅提供的宣传材料都是英文和波斯语双语版，发言前后都要加一句波斯语。

也难怪他们那么重视伊朗人，华人组织的主办者没有那么强势，主持的工作人员都是伊朗人，到场华人还没有西方人多（尽管西方人也没几个），义工倒都是华人学生（可他们全都靠墙站在最后），场地里仅摆着伊朗协会的宣传画，中间休息时主持人也号召大家去后面的桌上拿波斯语的宣传品。

这期间还发生了一个小插曲。当伊朗主持人说话时，一个西方老妇人数次大声说“听不到你说话”，很没有礼貌。等他扬着手里的波斯语资料介绍时，西方老妇人干脆打断他说：“加拿大是双语国家，说法语和英语，其他语言没有必要介绍。”她的话尾音未落，主持人就有些愤怒地强调：“加拿大人有自由学习、使用任何语言的权利。”不能不说老妇人不识时务，坐在一个移民为主的会场中发表这样的言论实在有点儿傲慢。不过老妇人很快明白了局势，她说：“这次活动是你们组织的？那好吧。”必须赞扬伊朗人的不屈不挠。

下一个小时的提问环节中，就有一个问题是关于各党对民族文化和民族语言学习的看法和将采取什么行动。执政党的两位移民候选人现身说法；最大在野党候选人中没有移民，可有环球工作的人士和积极学习波斯语的人主动发言；第三个党自然也不甘示弱。这还不够，活动结束时，主持人又大谈民族文化和语言的重要性，边说还边对老妇人扬手示意。

伊朗人的积极参与、不甘示弱让我想起来昨天看到的一则“旧闻”——两个月前，在一辆满是华人的纽约公车上，一位西方女子挑衅她旁边的中国老人，并用雨伞击打老人，同车的众多华人居然无人制止。美国中文网的华人记者目睹这一幕后上前阻止，西方女子根本不听。车上一位黑人男子竟然上来助纣为虐去辱骂老人。司机停车，劝阻西方女子，她还狡辩，黑人男子仍在帮腔。幸好司机伸张正义，让他们“Stop heating people”，说再吵就不开车了，挨打的老人提前下车，矛盾才没有激化。

更令人不解的是，老人下车后，当华人记者试图采访车上其他华人乘客的看法时，众位同胞集体沉默，拒不发言。女记者感叹道：“我将这段经历和我的个人感受写出来，不是为了要道德绑架任何人，我相信也许车上每个人都有自己不愿意挺身而出的理由。只是今天，是这位华人老爷爷无缘无故被歧视辱骂，你选择冷眼旁观，未来，同样的事情，很有可能就会发生在你我的家人身上。”

“今天不发声，明日无人听”——这是对不投票后果最佳的说明了。党选、市选、省选、联邦选，能参加哪个就参加哪个，即使去投一张弃权票也不要事不关己高高挂起——在选票说话的多民族国家中，不去投票的人挂起的是自己的权益和地位——不投票的人尽可以作壁上观，风干了也没人管。

我的来路、情形各不相同的华人邻居们

晚饭后，邻居老奶奶送来她儿子刚钓的红肉三文鱼，足足有两公斤重！我俩反复互谢，我谢谢她送的鱼，她谢谢我婆婆送他们的蔬菜。

老奶奶 86 岁了，和 89 岁的老爷爷住在我们右手边的房子里。老爷爷是第三代华裔，老奶奶是第二代华裔。老爷爷还是隔壁城市市政府第一位华人职员（1953 年之前），老奶奶的哥哥和姐夫曾加入加拿大军队参加过第二次世界大战。他们儿女各一。儿子娶了西方人，女儿嫁了亚裔，不过都不说中文。第一次见面时老爷爷就说过："我们是华人，但是不懂中文。"

他们的生活已经完全本地化，无论是饮食还是生活习俗。有一次老奶奶问我，闻到我们家炖肉的香气很不错，用的是什么调料。鉴于花椒、大料这些她一概不知，我特意查了英文单词，写了中英文对照的名单。后院收获的莴笋送给他们，老奶奶不认识，不知道怎么烹饪。

他们退休后买了这所房子，从温哥华市里搬来，老两口自己住，

虽然他们年事已高，却几乎没有一天不开车外出的，日子过得很热闹。节假日孩子们过来聚会，下雪天的时候，他们的儿子来帮忙扫雪。今年春天老爷爷中风了，出院后恢复得很好，白天经常能看到他去后园种菜。可能是怕万一有紧急情况，已经成年的孙子便搬来同住。

我们也和老奶奶说过，如果有什么紧急情况可以喊我们帮忙。老奶奶说他们另一边的邻居也这样说了，很感谢大家的热心。他们另一边的邻居是香港来的一代移民，会说广东话，家里人丁兴旺，三代同堂。不过和我们没什么交集，只是局限于见面 say hello。

老爷爷和老奶奶非常和气。近邻中，和他们家的友谊最先萌发。他们孙子小时候的玩具刀曾是我家儿子的最爱，他们家后院来了熊，我们也打电话过去通报。种菜后，刚开始送菜还是让儿子去跑腿，后来婆婆竟能隔着篱笆，在彼此语言都不通的情况下，顺利地把新摘的黄瓜、豆角、西葫芦、生菜等递过去。老奶奶也经常送来她儿子钓的鱼。

去年下雪时，她儿子没有及时来扫雪，我们顺便帮他们扫了雪。老奶奶发现后，次日就送来一大盘亲手烤制的美味点心。恰好是圣诞节前，我们又回赠了一盒巧克力作为圣诞礼物。

说起来，周围的几家邻居都是华人，可是来路和情形却各不相同。左边的邻居据说来自香港，一位说广东话的老先生常住。他们家基本上“与世隔绝”，不与任何人来往。老先生每天固定时间外出走路，其他时间绝不出门。院子里荒草丛生，除了偶然见他们锄草，没有见过他们踏足后院。

和他们仅有的两次对话都是隔着门——他家的门有门链扣着，开门只是拉开一个比较宽的缝隙。第一次是我们收获蔬菜后送邻居，一位年龄和我相仿的先生开了门，面带惊异怀疑、不大情愿地接过蔬菜道谢关门。第二次是前年大风吹倒了两家之间的木篱笆。公爹和先生打算修复，需要去他家院子里操作。我去和他们家解释时，又是那位先生开门，面无表情地听完前面的叙述，听到我说打算修篱笆时，马上积极地表态说，他会事先把后院的门打开。

某次看到这位先生的太太在车库门前用水龙头洗车，我过去打招呼，无论说中文还是英文她只是面带微笑地重复一句话——“我很好”（I am good）。一般说这句的意思就是别搭理我，您该干嘛干嘛去吧。今年春天下大雪时，婆母看她自己在铲雪，便帮她一起铲。铲完了雪，她也是笑笑说了句 thanks 就回屋了。

如此“芳心难动”的邻居实属罕见。后院和我们背靠背的邻居和我们的前任屋主关系非常不好，和我们刚开始也很冷淡，但经过数年相处已经今非昔比。

他们是结婚定居的时候买地找建商盖的房子，比我们的房子还盖得早，是“看着我们的房子盖起来”的。他们家的先生高中时从香港移民，太太是马来西亚华人，三四岁就来了。他们和右边的邻居一样，饮食生活习惯都已经本地化，家里也说英文。这两三年，他俩逐渐开始和我们说中文。先生原本会粤语，工作需要，普通话精进许多。太太与一位北京来的阿姨成了好朋友，晚饭后散步聊天，竟然在聊天中掌握了一些普通话——她和我公婆讨论种植问题时说中文，可是和我说话时还是说英语。

后院太太和我公婆相处甚欢，经常隔着篱笆交流种植经验，互赠礼物——我们这边蔬菜收成好，送菜给他们，他们送小点心过来。暑假外出旅游一周，还拜托公婆每天去帮他们浇菜。我们去买牛粪的时候帮他们带半车回来，他们去码头买鱼时总是帮我们带。前几年很关心我和先生的就业问题，有时候傍晚隔着篱笆偶遇打招呼时，太太会提一些建议。直到听说我开始投身写作，才不再过问。

右边老奶奶见证过后院邻居与我们的前任屋主的矛盾，看到现在和我们相处融洽时还发过感叹。不过无论多么融洽，我们和各位来路不同的邻居之间，都从未真正“登堂入室”地互相拜访过。大概彼此皆沉浸于这种开门友善和气一团、关起门来各自为政的惬意生活了，便都没有再向前迈出新的步伐的打算。不过日子还长着呢，说不定哪天有新的历史性突破呢。

驾照考试：不要“考住你”，而要教会你

搬家来加拿大时，我们做的第一件“大事”就是参加交规考试。虽然小区门口就有公车，工作日 15 分钟一班、周末半小时一班，但出行还是开车方便。安顿下来后，我们就买了中文版的交规书，认真学习，预约考试。这边的驾照考试也是分交规笔试和路考。

备考一周后的某个上午，我们搭朋友的车去考交规。先生和我分别被工作人员接待报名，朋友陪着先生，我单独应付。报名还算顺利，很快填表结束要考试。

工作人员非常耐心地反复叮嘱如何考试，并强调，先答会的题。一共几十道题，电脑考试，可以选择中文，中文甚至分简体字和繁体字。累计对四十题就结束，如果累计错十一题也结束考试，就是没通过。不会的题可以跳过，直到题目不够时才再次出现。还随时可以点击进度，看自己的成绩。每题回答完后都显示结果，如果错了，会显示正确答案。这种考试设计充分体现出，此地的考试目的不是考住考生，而是让考生切实掌握内容。

考试的电脑在大厅的一角，十来台电脑聚成一圈。无人监考，

自己操作电脑。先生和我隔着一台电脑。我俩都是十几分钟通过考试，然后等着工作人员喊名字、办手续。

轮到我时，是一位阿姨。她给了我测试结果，收了我的中国驾照。又问我平时是否戴眼镜。确知我离不开眼镜，她带我去测验视力。测视力不同于国内的看 E，而是看一个仪器，里面显示不同的题。有的简单，读数字而已；有的要分别出哪个图案远还是近；最不可思议的一道题是问我哪边闪光。我完全懵了，阿姨解释了三次，并比划各种手势，我才终于明白。每次我做对了，阿姨都无比开心地赞扬一番——她希望我说出对的答案，用各种方式启发、诱导，但不会放水。

先生那边也结束了，他的驾照被还回来，而我要拿一张黄纸（学习执照）。原来，朋友帮先生报名时，强调去年八月份是短登，这次才是正式搬家，所以她们认为符合登陆后可以用原有国的驾照开三个月的车的规定。而我自己报名时，工作人员看了我的登陆纸，问我是否去年八月登陆，我说是，没有更多解释，她认为过了三个月的开车期。经我们解释后，她们把我的驾照也还回来了。驾照还回来可方便了许多——如果拿原有国的驾照开车，可以搭乘任何乘客。而如果拿黄纸开车，不能搭乘非成年乘客，副座上还必须有其他驾驶员陪同。

在这边办事的感受是，很多规定是灵活执行的，目的不是为了难为谁，所以执行时都可以商量，工作人员也会替办事者考虑分辨，不过一定要实事求是、不能撒谎。和工作人员彼此道谢，离开驾照中心。交规考试的书面测试就算结束了，接下来是路考。

路考是真的路考——上路开车考试，而非国内的驾校考试。每个考官都有自己常规的考试路线，这条路线包括所有的需要考生掌握的难点，比如学校、公园的 30 公里限速路段、STOP 点、左转、右转、坡度比较陡峭的路段、靠边停车的区域、闹市区、居民区、高速、环岛等。路线的长度也相近，因为考试的时间长度是 30 分钟左右。

先生是有十几年驾龄的老司机，他不担心路考，倒是担心路考时考官说英语。约了驾校的教练，练习了六次，基本掌握本地驾车要点后，背诵了两周的常用考试英语。

他考试那天，幸运地遇到了本地“最仁慈”的考官——考试中心唯一的一位非洲裔考官，被华人教练们爱称为“黑哥”。黑哥确实很友善。在考试开始后，听到先生说自己不懂英语时，他笑眯眯地边打手势边说出左、右两个英文词，问先生懂吗。先生说懂，黑哥一挑大拇指说：棒极了！先生后来说，在整个考试过程中，黑哥都边发指令边做相应的手势，还提醒先生考试要点，发音慢而清晰，每当先生完成一个动作后，黑哥就对其给予简单热情的高度赞扬。先生在“Good”不断中越开越自信，一次通过了考试。

而我路考时就没那么好运气了。第一次路考时遇到的是这个考试中心的两位“考试杀手”之一。相由心生，这位考官是一副“天下人皆负我”的怒相。考试开始后，她连连用质问和指责的语气和我说话，完全没有本地惯常的礼貌。这样恶劣的态度无疑让我这个生手更紧张。考了十五分钟后，她说我车速慢让我开回去了。

回去后，教练问我要不要投诉她——她的恶劣态度让考生紧张。我想没考过也是自己学艺不精，懒得与她纠缠。第二次的考官应该是本地考官的普通水准，公事公办，没有明显的感情色彩。我也汲取了第一次考试的经验，终于在第二次考试时拿到驾照。

据说越是国内的老司机越不容易考取本地驾照——因为国内的老司机开车都比较“利索”，身手敏捷、善于抢道，而这些和本地提倡的安全、礼让格格不入。一般而言，国内的老司机能通过两三次路考拿驾照都算不错了。听说过一个最夸张的——一位国内驾校的教练在本地考了两年驾照都未果，后来终于放弃了考试，出行彻底依靠公共交通。

本地驾驶文化和国内显著不同之处颇多，最突出的是各种让行。

汽车必须让行人，无论行人是否有路权。交规上写得比较微妙——司机看到行人有试图乱穿马路的嫌疑时，不要主动减速，以防“督促”、助长行人违规穿行，但是要有减速的意识，便于随时刹车。现实操作中，如果道路交通顺畅（比如后面没什么车），司机见到想穿行马路的行人时，会主动早早停车，做手势示意行人过街。如果行人拒绝，行人会做手势让司机先行，司机一般会扬手致谢再开车。

除了让行人，车辆之间也流行互相让。变线时，尽管交规要求是变线车辆需要提速变线、变线时不能影响到后车正常行进（后车不需减速、不会感到意外），但后车主动减速让前车的概率还是比较高。多条线并入一条线时，各线车辆按照 A1、B1、C1、A2、B2、C2 这样的顺序依次鱼贯并道，不会抢道。在立有 STOP 牌 + 数字 Way 的路口，各路口车辆要本着先来先走的顺序通过。如果同时到，一般是右手方向的路口车辆先走，或者女司机优先。

当遇到鸣警笛车辆（消防车、救护车、警车），同向行驶车辆必须在安全的情况下停在路边（靠左或右），情况不许可时就原地停车，要等鸣警笛车辆经过后再行驶。如果道路中间没有硬隔离，对向的车辆也要停车，以免鸣警笛车辆借道。路口的车辆要等鸣警笛车辆通过后再通行。就是说，鸣警笛车辆过路口时，路口的其他任何车辆都应该是静止状态。我就有一次在过路口前没有辨清形势，只能停在了路口当中，等着警车从旁边呼啸而过。也见过两次更传奇的，单条直行道上的车为了给后面的警笛车辆让行，被迫右转而去。

公交车驶出打灯时，后面的车辆必须让行。校车如果打出左侧的 STOP 牌、闪灯，表明有孩子下校车，并可能穿行过马路，两侧的车辆都要停驶，直到校车的指令消失。遇到路口堵塞，后面的车无论是否有绿灯指示，都不能驶入路口。

凡此种种让行，都让国内老司机久经考验的大脑不能立即适应。

而老司机见缝插针的变线并道往往把本地这些“没见过世面”的司机和考官吓个半死。这边也不流行鸣笛，除非是提醒前车或者打招呼，那种见到前车慢就狂摁喇叭的行为被认为极其粗鲁。

像我这种菜鸟，也就敢在这边开车上路。现在回国别说开车，连坐车都紧张。不过有位国内的朋友说，“你别看马路上车辆貌似无序，其实无序中暗含着有序”。细想他说得也对，谁说不是呢？

孩子坐车可是有很多讲究

加拿大对汽车内儿童安全座椅的要求非常严格。首登加拿大时，陪同我们办理手续的亲友硬是从美国拎了一个儿童座椅过来，以便给迪迪用，因为家庭旅馆的车上没有。当时我们还觉得小题大做，认为没有看到过警察检查儿童座椅——后来随着居住时间的增长，很为这种“没有检查就可以应付”的思想汗颜，才真正认识到儿童安全座椅是对孩子的保护和爱。

在加拿大，产妇带着新生婴儿离开医院时，医院要检查家长是否为新生儿配置了合适的婴儿提篮。如果家长没有准备，医院有权禁止新生儿出院。不过一般的情况是，医院如果有多余的婴儿提篮，可能会借或者送给新生儿家长。

女友 W 生老二时，孩子生下来很瘦小，标准尺寸的婴儿提篮就显得空荡荡的。医院护士检查后，担心不利于婴儿安全，便拿了几条毛巾，要求把空处填满，以确保小宝宝没有危险才允许他们带孩子回家。

因此，这边的小婴儿都是被家长提出医院、拎上汽车，而非像国内常见的，产妇或者家里老人小心翼翼地抱着孩子出来，坐上汽车。

拎和抱的区别，是一条家长安全意识的醒目的分割线。拎着篮子的，一定会按照要求，将这只“婴儿篮子”放在后座中间，并系上安全带；而妈妈抱着孩子的，会抱着孩子坐在车里，说不定还会坐在前排，更说不定连安全带都不系呢！

表面上看，将婴儿孤零零地扔在后座，好像孩子是买来的；抱着孩子的妈妈是多么有爱啊，让宝宝感受到妈妈的心跳、体温，孩子会更有安全感，睡得也踏实。但事实上，“有爱”的妈妈完全忽略了行车过程中的隐患，反而是将宝宝置于巨大的危险中——给孩子使用适当的安全座椅，能有效地保护孩子免受行车碰撞时的冲击。

在加拿大，司机必须确保所有的乘客系好安全带，必须监督 16 岁以下的孩子正确使用安全座椅。（否则被检查发现后，司机有可能面临超过 500 加元的罚款。）老移民都有经验，一般接待国内的亲友时，上车后第一件事就是提醒大家系上安全带。

不同年龄段，加拿大规定的儿童的安全座椅和使用方法也不同。刚出生到一周岁或体重达到 9 公斤（20 磅）前，应该使用面向后方的安全座椅（婴儿提篮）。安全座椅应该放在后座中间（为了避免后座的安全气囊弹开）。下车后家长拎着就走。

一岁以上或体重超过 9 公斤少于 18 公斤（40 磅）的孩子，改换成高靠背的面朝前放的安全座椅，但仍然要放在汽车后座上。安全座椅必须与汽车的环扣锁住（或者用汽车的安全带穿过座椅背后以固定），孩子在安全座椅上还要系上座椅配备的安全带。这样的座椅不仅能保障安全，也让孩子坐着舒服。孩子的颈背部得到支撑，并且视野好。如果车内不止一个孩子，也能避免孩子间的打闹。

儿童在 8 岁之前，体重超过 18 公斤，身高不足 145 厘米的，应该使用加高座椅，仍然放在汽车后座。加高座椅就是帮孩子坐得高些，能直接使用汽车配备的安全带。使用安全带时，尽量让横跨的部分紧贴髋骨，肩带横过肩膀并紧贴胸部。

儿童年满 9 岁，身高超过 145 厘米后，可以不需要加高座椅而直接坐在后座上。在 12 岁之前，无论身高如何，都不建议坐在前排，以免发生意外对孩子造成不必要的身体或精神损伤。而安全带的使用是法律强制性的，任何年龄段的人都不能不用。

加拿大系安全带、普及儿童安全座椅的观念深入人心。迪迪上小学时，有一次邀请几位同学来家里玩。先生正巧开车去接迪迪，便想着把几个同学都捎回来。同学的家长在确定车里只有迪迪一把儿童安全座椅后，礼貌地拒绝了，说让先生开车带迪迪回来，他们走路随后就到。学校离我们家只有 800 米，路上车辆稀少。即使如此，家长们也不愿意冒险。

市民“休闲中心”——图书馆

加拿大地广人稀，有居民区的地方就有公园。很多公园都有自然湖泊或山林，然而，市民们常去的消闲所在不是公园，却是市图书馆。

在北京时，我去过首都图书馆和国家图书馆。惭愧地说，各去过两次。主要是因为路远——在北京时，我常年在东五环外活动，去一趟图书馆要横穿城市，遇到堵车，说不定图书馆闭馆之前都不能抵达。所以搬家之后，更觉得这边的图书馆很亲民。

这边的城市都不大，我们这座有 12 万人的城市就有两个图书馆。旁边的两个更小的城市中分别有一个。加起来，三座城市 26 万人，有四座图书馆。其中两座都在距离我家四千米的范围内。

图书馆内部设置方便、温馨。图书馆“超长”的开馆时间也方便大众。工作日一般是早晨九点开门，晚上九点关门，而普通商场是早晨十点开门，晚上七点关门。图书馆的工作人员也和其他公务人员一般，比较和蔼可亲。遇到孩子在图书馆跑动的，他们会小声提醒。如果找不到书或者有任何相关问题，他们都提供咨询，绝没有不耐烦。

夏天，图书馆的空调更是有吸引力——本地常年凉爽，居民家里连电扇都没有，遇到突然的炎热天气，图书馆不失为纳凉的好地方。

很多家庭在晚饭后会带着小孩子来图书馆消磨时间。孩子在图书馆看书、听家长读故事、玩儿益智类电脑游戏，或是参加一些公益组织的读故事、做游戏活动。尤其是一家好几个孩子的，来图书馆更能满足各自的需求，做父母的可以坐在沙发上眼观六路耳听八方地掌控局面。

放学后，图书馆内最多的是中学生。除了小组一起写作业的、请私教补课的等来学习的外，还有些是来约会的——近年来随着国内来的小留学生增加，晚间的图书馆的公共读书区内常见成双成对的学习伴侣。好在这些学习伴侣貌似以学习为主，还算在积极上进的范围之内。当然，其他年龄层的读者也不少。晚上，公共读书区和自习区常常座无虚席。

图书馆也是一些人的“庇护所”。

有个朋友从美国移民过来，是地道的美国人，英语文学硕士，十年高中教师的经历，多年私教，可这么优秀的履历，就是找不到固定工作，只能靠零散教学生、帮人家改论文为生。他为人又诚实，只教高中生，因为觉得自己没有小学和初中的教学经验，而且缺乏对付小孩子的方法。改论文坚持只作编辑，拒绝任何形式的帮忙、代写。如此一来，客户寥寥。

作为西方人，他没有理财和存钱习惯，钱到手就花，时而难以为继。最艰难时，借宿在熟人家。

为了不影响主人的生活，他白天就带两块涂果酱的面包泡在图书馆里，读书、上网能泡一天，晚上才回去睡觉。某次我请他吃午餐时，他骄傲地告诉我，半年来已经读了二十多本像样的小说了，边说边掏出来一本正在读的让我看。我瞄了一眼，和《哈利·波特7》看起来差不多厚。他说喜欢图书馆，在图书馆读书、上网，还能在图书馆买一杯经济实惠的咖啡，累了去附近公园走走，生活也蛮惬意的。

还有一些老人去图书馆打发时间，看杂志、看报纸、看人。

有一段时间，我总在图书馆见到一位老人，热情地找话头和人说话。他也是移民，可能是南亚或者中南美洲的，英语说得很不清楚，但也不耽误找人聊天。有两次我目光和他对视，出于礼貌地笑了一下，老人就坐过来和我说话。呱啦呱啦地说个不停，我的英语也是半吊子，只能嗯啊作答，能捕捉到的信息很少。轮到他提问，我也只能用简单句式说明自己从哪里移民来的、来了多久、孩子多大这些基本信息。

我不善于聊天，中文聊天都词不达意，更遑论英文。两次结束都是迪迪过来找我，才把我解放出来。后来我就尽量避免和他对视，但看着他孤独的背影在座位间徘徊，也颇觉凄凉。

图书馆还是大家约见面的好地点——停车方便、不怕等人——等待的时候有足够的书去消磨时间。说不定还能遇到熟人，在隐蔽的角落里低声聊两句。

天时地利人和，图书馆就这样被打造成了“休闲中心”。

入籍考试

移民的最后一步就是申请入籍。

我五月初交的申请，六月底通知开始受理，七月末收到通知入籍考试的电邮。电邮写得很详细，时间、地点、注意事项、需要携带的文件等。

来了这里几年已经习惯了，无论办理任何申请，只要按照要求准备材料一定可以，绝不会出现办理时的节外生枝。相反，有时候忘带了文件，办事人员往往还会帮忙想办法，看看是否有其他替代解决的方案。即使无法解决，他们也会很抱歉地说，这次不能受理，强调下次要准备什么材料，等等。因此，这一次收到考试面试通知时，我也一样按部就班地准备了材料。连惯常的请教先行者这一步也省了。

也不是完全没请教别人。问了刚考完的邻居，十点半考试，不，准确地说，是 10:31 考（通知就是这么写的），要几点出发。他建议八点半。早高峰难免堵车，考试地点又在温哥华市中心。

提前十天，我开始复习。事先借好了课本《发现加拿大》——

据说以前发考试通知时就寄送该书，今年因为经费原因不送了，要考生自己准备。图书馆、移民安置公司都应该有，考过的老移民手里也有。我这本就是从去年考完的老移民手里借的。她去年考了满分，所以特别嘱咐我不用太费心。

我先把课本看了一遍，越看越有趣，把生词都查了。课本主要分地理、历史、政体、文化、各省特点几部分。加拿大历史从1550年算起，也才四百多年。建国初期，饱经战乱，同英国、法国、美国都打过仗。到了近现代，战乱少了，主要是作为英国属国去打了第一次和第二次世界大战，但国家管理中却错误频发，比如歧视华人、歧视日侨、将原住民的孩子强行从部落中带走等。每写到一个错误时，就跟几句话说明何时道歉了。草草一看，对日本人道歉最早。

百感交集地看完课本，就开始在网上刷题。测试题库是移民局部办的，定期更新，可以根据不同的省来选题。测试题越做越熟，让我觉得考满分难度不大。其实考满分应该不算难——考题是二十道单选题而已。

考试一早，我志得意满地出发了，却忘记了朋友说的八点半出发，我拖延到九点才走。又赶上隔壁城市修路，等一路努力狂奔到考点时，已经十点二十了。幸好事先查了停车场的位置，没有拐错，否则在市中心尽是单行线的局面下，稍有不慎就不知道转到哪里了。

停好了车，却无法刷卡付停车费。急得我满头大汗。终于等到停车场有其他人出现了，连忙去求助。帮助我的是两个建筑工人，可能刚下班，还都戴着头盔呢。其中一个拿着我的卡帮我试，也是屡次失败。我问他们是怎么付成功的，他说他们是用手机付费的。就在我想给他们钱，让他们代付时，刷卡终于成功。等冲上二楼考场时，还有五分钟开始，考生在排队了。

其实也没有我想的那么紧张。排队进场就得超过十分钟。等一屋子人都坐好后，又反复播放考生须知，还有一位工作人员现场讲解一遍。除了告知如何答卷，还要求考生出场后不得泄露所考试题。二十道题对十五道算及格。如果一次考不过，可以再考。重考如果还不及格，可以参加一次听证会。笔试后是面试。面试通过后，还需要复审。完全审查合格后，通知宣誓入籍。

考官要求亲属和朋友坐得不要太近。还真有一对夫妻站起来分开了。其实考生间都隔着一个座椅，而且相邻的考卷应该都不一样，不过避嫌还是需要的。

卷子一套有四五页，每页都是装在透明塑料袋中，再装订成册。这倒是环保，可以反复利用。欣赏完环保创意后，开始做题。从第四题开始，就遇到完全没有见过的题！第一遍做完一统计，坏了，五道题没见过！不过咱从小考到大，还是有实战经验的。心慌了一秒钟后，作出决定：第一，要认真检查，会的题确保不能错。第二，不会的题就想办法猜。终于，在大多数人都交了卷子时，我也交卷了。内心忐忑啊。

去到对面的屋子里等面试。又是一屋子人——刚才考完的人都来了这间屋子。面试柜台有十来个，没有拿号机，也没有液晶屏幕显示，那怎么知道是不是自己呢？坐在旁边说普通话的年轻人告诉我，听着就行，柜台会喊名字的。我问他是几点考的，他说他的考试时间是10:37。很快听到有人响亮地喊他的名字，他一跃而起去面试。我猜可能是按照交卷前后顺序叫人。但等了一个多小时后，我惊奇地看到在我后面交卷的一位女士也去面试了，不觉有些担心。因为根据观察，有些窗口前面的人刚走，还没听到喊新的人名，就有人面带微笑、胸有成竹地过去了。不知道是根据什么暗号！更担心的是官员喊了名字，我听力不好而错过了！见到一两次官员重复了几次人名，没有人应答，便把档案合住了，进行下一个。或者，最糟糕的是，我的考试成绩不及格，所以没喊我。也看到了一位先生被喊过去，说了两句悻悻然离开了，好像就是没考过。

各种猜测令我逐渐不安起来。这里办公休息时间应该是一点钟。一点钟开始，有些审理完手头案件的官员们便抱着自己的办公用品离开了。眼看着我成了最后五个等待的考生之一了，终于听到了喊我的名字。和面试官互相问候后，我忍不住说，以为自己漏听了名字呢。他回答说，“抱歉啊，让你等了这么久，又让你担心了。”我问他自己是否考过，他说：“当然了。你对了十六道题，真是做得不错啊！”面试过程倒相当快和愉快，没用几分钟。最后，面试官委婉地说，虽然未满十四岁的孩子不用参加宣誓，但他建议还是让孩子去看看。我当然同意。人生大事嘛！

兴冲冲离开考场。坐到车里给朋友打电话约午饭，一下子感到了疲劳。虽然没有大波折，也毕竟“担惊受怕”一上午了！

当大卡车撞翻大客车之后……

正在写作，电邮来了。打开一看，是迪迪所在的篮球俱乐部主席的群发邮件。邮件说，为了悼念几天前伤亡于交通事故的洪堡野马冰球队，晚上训练时建议穿冰球队服，周末参加篮球比赛时要在球衣外粘贴“绿色胶带”（考虑到绿色丝带容易在比赛中滑落）。

一

2018 年 4 月 6 日，加拿大的萨斯卡通市发生了一起恶性交通事故：一辆超级大货车撞上了一辆客车，导致客车上 15 人死亡，14 人重伤。这辆客车上的乘客主要是洪堡野马冰球队 (Humboldt Broncos) 的队员和职员。罹难的队员年龄在 16—21 岁之间。

加拿大全国为之哀悼，对事故受害者进行支援。

事发后数小时内，一位 17 岁的女生和朋友一起去事发地露营以现场悼念，几十人加入他们的行列。冰球队所属的洪堡镇自发祈祷守夜。洪堡镇、萨斯喀彻温省及其他多个省、市政府为事故降半旗。总理特鲁多发文悼念。

众筹网 GoFundMe 为事故建立了网页，24 小时内收到 280 万加元捐款，并很快超过 1000 万加元——除了加拿大和邻居美国，其他 65 个国家的民众也伸出了援手。

事发次日，献血发生“拥堵”，献血者需要排队 3 小时才能轮上。医院附近的 Canalta Hotels 连锁酒店向受难及伤者家属提供免费住宿，以便他们随时去医院探望。

体育界开展了大规模的悼念活动。北美职业冰球联盟（NHL）的多地赛场开场前默哀，有的队还在头盔上贴上洪堡野马队的队徽贴纸，队服上写着野马队的名字，冰上闪烁出野马队的标志，大屏幕上也打出野马队的相关照片。

二

如果说这些反应属于“常规”的灾后爱心表达，那么对于大货车司机铺天盖地的同情、理解、鼓励则可谓加拿大式的。

事故发生的情形是客车在 35 号高速公路上向北开，卡车在 335 号高速上向西开，在交会路口相撞，卡车将客车撞翻。卡车的路口有 STOP 牌。STOP 牌表示卡车走的这条路不是主干道，要全停避让另一条路上的车辆，在确认毫无危险时才可通过。从事故的现场看，卡车司机无疑全责，尤其是客车死伤如此严重，而卡车司机竟然“毫发无损”，更容易让旁观者对卡车司机产生愤怒之情。

但是，加拿大人不这样认为。警方在短暂拘留卡车司机后将其释放，表明事故有待调查。专业人士给出许多可能性，比如树木遮挡、当时阳光照射雪地、刹车故障、司机突发身体不适等。警方说，要经过计算机模拟等多重分析后才能下结论。

加拿大社会完全赞同警方的态度——在事情没有最后下结论前，不要妄加指责司机。许多民众甚至表现出更大的宽容——即使司机有错，他也一定不是故意的，他也在遭受内心巨大的痛苦。于是，在支持受难者的同时，另一场支持卡车司机的运动兴起来了。4 月 8 日，几封以“亲爱的萨省司机”开头的信分别出现于社交媒体和网站，内容都是鼓励、安抚司机，告诉他，大家知道他不是有意造成事故，希望他尽量从悲痛中振作起来。其中一封由首都渥太华学生推送的脸书帖已经获赞数万次，被转发十几万次。

有的读者表示自己的亲人也曾是长途汽车司机，他们理解长途驾驶的不易和小心谨慎。卡车司机所在的公司负责人在接受采访时对所发生的一切感到抱歉，“所有相关的人都在忍受煎熬”。

三

加拿大人的“傻白甜”再次展现。友爱、宽容、善良、温和，“我虽然痛，但是我怕你也痛”，受了伤却总是更多地想到对方。朋友 Sun 对此的评价是“容忍不是妥协，并非出自软弱，而是人对人从人性本身的尊重”。他联想到《悲惨世界》中主教对冉阿让的帮助，让他有机会重新做人。雨果通过小说揭示出“最高的法律是良心”的道理，希望人类用善良纯洁的人性来与邪恶斗争，而非以恶制恶，以暴制暴。

这些理念在加拿大社会颇为盛行。加拿大每年投入大量的资金接收并安置难民、扶助酒精和毒品上瘾者、援助非洲国家。加拿大社会倡导义工文化，鼓励人们为他人、为社区贡献一己之力。整个社会的经济发展虽然极其缓慢，但是岁月静好，基尼系数长期徘徊在 0.3 以下，属于最和谐的地区之一。

写鼓励信的学生并不认识司机，只是希望通过转发让司机看到这个信息。而如此友善的原因之一是，“这是加拿大价值观的一部分”。对！加拿大价值观也是加拿大人的骄傲。迪迪所在的篮球俱乐部的主席在电邮中写道：“我是今天早晨送孩子上学时才知道穿球衣的号召。我也号召我们的队员这样做。当灾难发生时，我们总是坚定地互相支持——这是加拿大独特精神的一种体现。”

四

迪迪篮球队的回应属于体育界的表达，也是对“4 月 12 日球衣日”的响应。在 BC 省的兰利镇，一些打冰球的孩子的家长在脸书上建立了悼念网站，并发起了这个活动。他们号召 4 月 12 日全国民众穿上自己喜欢的冰球队的球衣，表达对逝者家属的抚慰。

这一号召（为了洪堡穿球衣）发起当日就迅速扩散。邻居有一天问我是否有球衣，说他女儿的合唱团要在当天周四演出，而他刚看到 8 号收到的电邮，临时决定穿冰球队球衣。当时我还没有意识到也应该为迪迪准备一件球衣。

坦率地说，收到电邮的那一刻我是完全迷茫的。我们不看冰球，对于加拿大这项国家级别的体育运动不太关注，迪迪也没有什么喜欢的球队。穿球衣我能理解，但是对于粘贴绿色胶带就一头雾水。为了搞清楚情况，我向朋友们展开咨询。很快，他们给了我回复。一位说，绿色是野马队的吉祥色。另一位的解释类似，他当天上班也穿了球衣，拍了照发来。第三位除了解释，还写了一句相当励志的话："应该支持孩子表达对他人哀伤的关怀。"这句话坚定了我带迪迪买冰球球衣的决心。

晚饭后，我们冲到了商场，买了冰球球衣和绿色胶带。商场中不时见到穿各色冰球队球衣的男女老少。每个人中意的球队不一样，但是当穿上球衣加入这个活动时，"我们都是同一支球队"。

在加拿大卖酒真是高危职业

在国内，每到年节临近时，各地警方常会发布消息，告诫酒友须对多种情形承担责任，比如：强迫性劝酒；明知对方不能喝酒仍劝酒；未将醉酒者安全护送回家；未劝阻醉酒者不要驾车，醉驾导致车祸。如果有人赴宴后酒精中毒身亡，亡者家属提起诉讼，法院最后判决饭局组织者承担 20% 责任，其他客人共同承担 10% 责任，亡者自行承担 70% 责任。

这类事情在加拿大是另一种处理方式：被告诫的不是酒友，而是客人喝酒的场所，如酒吧、餐厅之类，因为加拿大有“酒牌”管理，这些都是卖家需要承担的责任。

在加拿大，卖酒是需要执照的（俗称酒牌）。任何一个卖酒的地方都需要至少一名参与者（店主或经理）有酒牌。执照申请手续简单，花费低廉，但是要经过考试！

加拿大重视酒牌管理不是为了让酒类零售有序地繁荣发展，而是为了限制卖酒。更确切地说，是为了让加拿大人购买、消耗酒精的数量减少！因为酒精是导致加拿大人患恶性肿瘤的三大原因之一，是健康的第一杀手，还能让人思维混乱并引发对他人的伤害，容易造成交通事故，而且酒后容易吸毒、造成意外怀孕。加拿大是全民免费医疗，政府每年承担的与饮酒有关的医疗、救助费用为 9 亿加元，几乎与从酒类行业产生的税收相等，所以酒类的生产和销售对于加拿大政府来说，真是块烫手山芋。

法律规定，酒牌持有者不得向醉酒者或者已经快醉酒的人卖酒。这个要求听起来容易，执行起来可不容易。因为“没有一种科学检测的方式能证明一个人是否醉酒”，严格地说，醉酒是一种“观察出来的状态”，要看顾客喝酒之前和喝酒之后的言谈举止是否有明显区别。而“已经快醉酒”则更是一种微妙的状态，“判别是否已经快醉酒是售酒者一项重要的责任”。

店家还要严禁顾客酒驾。对酒驾倒是有明确的规定，血液酒精含量超过 0.05% 为酒驾，如果超过 0.08% 会被追究刑事责任。遇到喝酒过量的客人，销售人员要坚定、礼貌地索要顾客的车钥匙（如果是自驾者）、督促顾客找人来接或者协助顾客找出租车，并要确认顾客上车安抵目的地。如果顾客反对，销售人员有责任喊警察协助。

同时，禁止向未成年人售酒。酒吧、酒类专卖店（超市不得销售）禁止未成年人入内，营业员必须索要顾客的身份证明来检查。基于有些成年人对此法规不在意，营业员还要严加防范成年顾客为未成年人代购。如果怀疑顾客是代购，销售员也有权拒绝销售。

比如，有未成年人来买酒被拒绝，营业员就要尽可能观察店外，看看被拒绝者是否会向路过的成年人“求助”。即使没有观察到“求助”，如果后续顾客的购物内容包括未成年人刚才提出来的酒品种类和数量，营业员也有权质疑并拒绝。

对店内发生争吵、斗殴等纠纷，及醉酒者由于行动不便在店内造成损伤，卖家都需要承担责任。总之，酒类销售的从业人员要睁大双眼、随时保持警惕，因为任何一件损伤、意外事件的发生，受害者都可以起诉卖家、要求赔偿。

卖家对醉酒顾客照顾的责任不只局限于店中，还延续到顾客酒醒后。

1973 年，被法庭下过饮酒限制令的 M 先生在解禁后，又去曾经常去的酒馆饮酒。醉酒后离开酒馆，他先搭朋友的车，中途下车徒步回家，误入高速公路被撞。法院判罚酒馆、司机和 M 先生各承担三分之一的责任。对酒馆而言，在已知 M 先生酒醉且有过被禁酒的记录（说明 M 先生在醉酒时完全不具备自控力）时，没有对他尽到照顾的义务，导致其中途下车发生意外。这个判罚被称为“里程碑式”的，此后，卖家需要保护顾客在醉酒清醒前不对他人造成伤害，也免遭任何意外伤害。

顾客由于醉酒发生的意外，酒家被索赔的比例、数额都不低。加拿大法律属于英美法系，是“例判法”，即判决要参考先前的同类案例。以前酒家被判罚的连带赔偿在总赔偿金额中占 5% ~ 25%，但 2006 年，BC 省判过酒家赔偿 50% 的案子，因此可以认为，酒家赔偿比例的上限上升到了 50%。

另外，根据加拿大法律，受伤害者不仅可以起诉对他们造成直接伤害的醉酒人员，还可以起诉所有相关人员。比如，顾客酒驾撞伤了人，被撞者便能起诉酒驾司机及卖酒给司机又未制止司机开车的店家。

对店家更为不利的是，如果酒驾者无钱赔付，店家还要补足数额。如店家被判赔付 15%，酒驾者赔 85%，如果酒驾者破产、难以赔够应承担的份额，店家则须代为赔付差额。当然，店家会买多种保险，一般不会为了赔钱倾家荡产，可压力和麻烦也不小。

为了不鼓励顾客买酒，卖家对酒的定价要遵从统一规定——按照酒精含量来计算，不得降价销售。在顾客买酒时，卖家还应该尽量推荐其他代替饮品，鼓励顾客点酒同时点餐，至少是下酒小零食，以减少空腹喝酒的机会。饭店里，有些明显喝过酒的顾客落座后，服务人员须及时把酒杯等撤走，以免他们看到后又勾起喝酒的欲望。还要在店中显眼的位置张贴卖酒规则，白纸黑字地写清楚不会卖酒给已经或将要醉酒的客人及未成年人。

凡此种种归结为一句话，就是尽量少卖酒给顾客。既要开店，又要控制销售，还有数不清的连带责任，在加拿大卖酒可真不容易！

北美华人移民必知历史：排华法案

北美华人史上，一段最惨痛的记忆是美国和加拿大的臭名昭著的排华史。两个国家的排华史的细节虽不同，但是发生原因、发展过程都很类似，皆为华人留下了黑色的回忆，对华人在这两个国家的发展造成极坏的影响，甚至流毒至今。

一

1848 年初，加利福尼亚州加入美国。随后，加州发现了金矿，掀起了“淘金热”，世界各地的淘金者涌入加州，其中也包括大量华人。华人开始在加州（主要是旧金山）扎根、繁衍，形成了一定规模的华人社会。

1862 年，林肯总统批准了横贯美国的太平洋铁路的修建方案。由于沿途地质情况艰险，能吃苦耐劳的华人受到重视。据说理由是“他们能修建万里长城，他们也能修铁路”。第一批被招募的 50 名华人表现优异，太平洋铁路公司决定大量招募华人。

从 1865 年到 1869 年四年间，主要来自广东、福建两省的大约 14000 多名华工参加筑路工程，占工人总数的 90%。随着越来越多的华人涌入美国，1868 年中美双方签订《蒲安臣条约》。条约规定，中美两国居民享有自由移民两国的权利。中国人的加入提高了工作效率，令原本计划 14 年的铁路修建工期缩短为 7 年。

但是，随着铁路的修建结束和金矿的日益枯竭，华人的吃苦耐劳、聪明勇敢、对低报酬的无条件接受、忍辱负重等都让其他族裔，尤其是穷苦的爱尔兰族裔嫉妒、愤恨。因为在低端劳动力市场中，华人是爱尔兰人的强大竞争对手，令爱尔兰人无法找到工作，无法争取满意的报酬和相对良好的工作条件。

如果能轻易地以一半甚至更低的工资雇用更能吃苦、更会干活、从来不挑剔反抗、对老板毕恭毕敬、让做什么就做什么的华人，谁还想要每天争取权益、随时可能撂挑子、讲求平等权利、喜欢酗酒打架的爱尔兰人呢？

二

这个原因当然不能被排华势力明确地提出来，毕竟他们也要顾及脸面。摆在台面上的理由很多，比如白人对华人的信仰不满（华人大多不信仰基督教，而美国是个基督教国家）、反对蓄奴（当时很多华人女性被拐卖到旧金山被迫为娼，毫无人身自由）、华人不注意居室环境卫生等。

在助长排华风潮的诸多因素中，有两个与华人自身相关的因素。

第一个是来自中国政府的默许。大清朝皇帝不知道出于什么心态，对子民视如草芥。

乾隆五年，殖民印度尼西亚的荷兰人为了稳固政权，屠杀了大批在当地做工的华人，发生了“红溪惨案”。荷兰人担心因此影响与清廷的关系，而乾隆的批复是“天朝弃民，不惜背祖宗庐墓，出洋谋利，朝廷概不闻问”。在这样的心理基础上，清朝的历代皇帝对出洋谋生的华人的态度基本上是弃如敝屣。当然，皇帝并不会反思：如果不是因为生活艰辛，老百姓为何明知前途艰险，仍会前仆后继地赴汤蹈火呢？

当美国排华势力酝酿了排华法案后，美国人顾及排华与先前签订的《蒲安臣条约》冲突，又组织了一个安吉尔使团去北京斡旋，但是大清朝廷在事先接到消息后无动于衷，令《安吉尔条约》轻易达成。该条约第一款规定：“如有时大美国查华工前往美国，或在各处居住，实于美国之益有所妨碍，或与美国内及美国一处地方之平安有所妨碍，大清国准大美国可以或为整理，或定人数、年数之限，并非禁止前往。”根据这一规定，美国政府可以限制华工进入美国。

即使在《安吉尔条约》的“法律支持”下，当时的阿瑟总统仍拒签了第一版的排华协议，因为他担心第一版中“20 年”禁止华工入内的期限太长，不合理。第二版改为 10 年后，才签字生效。

第二个因素是华人不团结、不爱惜同胞。白人对华人的憎恶、排斥之所以越来越猖狂，与华人的不抗争也有关。

白人流氓在街上任意殴打华人时，路过的华人无人过问。旧金山曾经数次发生白人流氓到唐人街打砸抢的恶性事件，洛杉矶也发生过唐人街的“洛杉矶华人大屠杀”。暴徒凶残，华人没有团结起来抵抗。类似的事情也在加拿大排华期间发生过。白人无业流氓去温哥华的唐人街骚扰，华人商铺都紧闭门窗。白人打得兴起，一路打过去，冲到了隔壁的日本人聚集区。日裔男子拿着家里的菜刀出来拼命，几下就把白人打走了。

华人习惯于屈服。在中国国内时就被打压惯了，在小不忍则乱大谋、好死不如赖活着、各扫门前雪等想法的驱使下，遇到冲突比较容易退缩，认为打几下就算了、抢了再赚、砸了就砸了吧，但是这样的忍气吞声只能让恶人更恶。

遭到白人诟病的华人的不团结还有一个重大的原因，那就是将华工贩运到北美、将女性诱拐到北美的都是华人自己。正如金何在《清末猪仔华工的出洋血泪史：对他们最狠的竟然是中国人》中所说：“西方白人不敢直接来中华大地上抓劳工，毕竟我们是个庞大的国家，即便虚弱不堪了，仍旧有运转完整的政府组织。但是，我们却是自己人抓自己人，自己人把自己人卖到外洋去做奴隶！相比于白人在非洲直接抓捕黑人，我们是自捕和自我戕害，这真是我们人性和民族性的大不幸！这难道不能说是中国人反倒对自己够狠吗？！”

那些被贩卖来的华工或者娼妓，由于不被贩卖者（卖人行、猪仔馆）当人来尊重，一般都是被直接塞到货仓底部，没有足够的、清洁的水和食物，卫生条件差，在船运过程中就死伤大半。以至于太平洋铁路公司招工时，要出钱请贩卖者给华工买待遇好一点儿的船票。

三

在《排华法案》颁布之前，已经有许多限制条款，在李其荣的文章中列举出：

如不许华人入美国籍的宪法，是1849年通过的；对华人征收矿工税，是1850年开始的；对华人征收医院税，是1852年通过的；不许华人在美国法院做控诉白人的证人，是1855年宣布的；对华人征收人头税五十五元，也是1855年通过的；对华人征收渔税，是1860年通过的；不许华人入白人子弟学校读书，也是1860年通过的；对华人征收所谓警察税，是1862年通过的。

从1871年以后，华人的人身或财产安全毫无保障，甚至法院也参与攻击，制订了一系列反对华工的立法。譬如，有一项所谓立方空气法令，规定凡是华人居住的房子，每个成年人不到五百立方英尺空间的，就要被抓去关在不到一百五十立方英尺空间的牢房里，同时罚款十美元。根据这条法律，美国警察经常在半夜里到华工居住的地方，一抓就是四五十人，无理强迫他们交出大批罚款。

1882年，美国第一次《排华法案》正式通过。它的核心内容是通过监禁和驱逐的惩戒方式禁止“被矿井雇佣的有技能或无技能的华人劳工们”在10年之内进入美国。对于有知识有文化的学者、学生、商人等，并不限制。目的是净化美国的社会环境、减少劳工市场的竞争。

“从1882年至1905年之间，约有10000名华人通过对人身保护权的请愿方式将否决移民的决定上诉到联邦法院。在大多数情况下，法院都作出了有利于请愿者的判决。”

1924年的《移民法案》更加严格地限制了移民，排斥了所有阶层的华人移民，直到1943年《排华法案》被废止。“从1910年到1940年，旧金山湾的天使岛移民站（即现在的加州天使岛州立公园）一直都被作为56113名记录在案的华人移民或者等待遣送回国的华人里的绝大多数的处理中心，其中有30%以上的华人返回了中国。”

四

1858 年，现在的加拿大 BC 省（当时加拿大还未成立）的菲沙河流域发现了金矿。“淘金热”的兴起吸引了华人的迁入。1871 年，在加拿大成立四年后，BC 省在美国和加拿大之间选择了后者，成为加拿大的一个省，加入条件是修建一条横贯加拿大东西的铁路（太平洋铁路）。

与美国相类似，在金矿枯竭、铁路修完后，华人又成为白人打击的对象。不同于美国，加拿大政府和温哥华所在的 BC 省政府设定排华法案时，没有考虑中加关系等，基本上是拍脑袋想法案，想怎么样就怎么样。1872 年 BC 省议会通过法案剥夺华人及原住民的选举权；十几年后又禁止华人购买皇家土地，限制华人入境。1885 年，联邦国会剥夺了华人的选举权。后来又要求入境华人缴纳 50 加元人头税，至 1903 年，人头税增至每人 500 加元。从 19 世纪中期到 20 世纪中期，仅 BC 省通过的排华法案就有 100 多项。

这些法案起初限制了华工进入加拿大，后来连商人、外交官员、留学生也限制，甚至包括加入英国籍的华人。在“二战”中，许多出生在加拿大的华人二代、三代英勇参战。战后，他们写了请愿信要求加入加拿大国籍。1947 年 5 月 14 日，加拿大联邦政府才废除排华法案。1967 年允许华人移民。

在加拿大短暂的历史上，发生过三次大规模的国家性质的种族歧视——除了排华，还排斥过日本人、原住民。2006 年 6 月 22 日，加拿大总理哈珀在国会举行正式“道歉”仪式，平反华人移民法案，并宣布将对尚存的人头税缴纳受害者及亲属进行“赔偿”。BC 省议会在 2014 年 5 月 15 日通过议案，就歧视华人及反华排华的法令条例向华人社区正式道歉。

1943 年，美国的《排华法案》被废止。1965 年美国才不限制华人移民数量。2009 年 6 月 23 日，加州众议院通过正式决议，为曾经通过针对华人的歧视性法律道歉。2012 年 6 月 18 日，美国国会通过正式决议，为曾经针对华人的歧视性法律道歉，但无任何赔偿。

百余年屈辱的历史终于结束。华人靠着奋斗和抗争争取到了应有的权益。为了振兴华人社区，要时刻铭记历史，不忘教训，提高警惕，杜绝排华苗头死灰复燃。北美华人应当时刻提醒自己，对任何歧视都不能姑息。对歧视沉默，就是对恶的纵容。

老印为啥能占领北美

这一届加拿大政府有五位亚裔部长，其中四位是印度裔，一位是阿富汗裔，没有华人。这不禁让我想起马来西亚。马来西亚的华人是大马第二大种族，但参政者寥寥无几，倒是第三大种族印度人在政坛上很活跃。

当世界各地的华人在抱怨不能进入主流社会时，印度人却默默地四处迅速蔓延、“开花结果”。其中的原委值得反思。很多华人不喜欢印度人，认为他们偷奸取巧、沽名钓誉、脏乱差、势利眼、惯于对白人谄媚、是治安不好的元凶，甚至有人说他们是中国传统文化中所谓的奸懒馋滑“小人”的写实版。

和其他民族一样，印度人确实有他们的不足之处，但人们这样谩骂的同时，是否想过这样贴标签也是一种种族歧视？是否切实分析过，印度族群究竟有什么华人不具备的优点让他们更容易、更好地在移民后“出人头地”？

必须承认，印度人在英语使用上有绝对优势，这点是“先天的”。英语是印度官方语言，学生从小到大接受的都是英语教学，在听说读写方面自然没有障碍。

二十年前，有位亲友刚去美国读书时，和一个印度同学聊天，谈到备考托福、GRE多么辛苦，考试多么严格，印度同学觉得奇怪，她说他们考试的人多、场地小，考听力是在户外放着大喇叭考的。由此可对印度英文教育窥见一斑。

可印度人的语言优势更多地来自于他们的自信。虽然他们的发音总是“搭啦搭啦”的，但人家有绝对的自信，声音洪亮，表情丰富，完全不介意发音的问题——听不懂是你的听力问题，他们绝对不认为自己发音有毛病。这点也不独是印度人的优点，我也在马来西亚人、韩国人、伊朗人等其他族裔的身上都见到过。他们的英语发音都有独特的口音，语法错误也不少，用英语聊天却毫不怯场、有说有笑。后来我不禁反思，可能我们有时候太容易难为情。

认识一位曾在外企工作多年的华人家长，说英语带着东北腔，但她从不介意，遇到哪国人都敢用英语聊天。常见她在学校接孩子时，一路和大家打招呼，嘘寒问暖的。可见不分族裔，只要敢说，就都有机会。

印度人的思维方式也更西化，能适应西方的社交礼节。这点说白了也不难，要诀是：经常面带微笑，见面多寒暄，互相问候，面子功夫要做足。多肯定别人，也表扬自己，不要太自谦。不唠叨、不抱怨，和人交谈要正能量满满，什么时候聊天都是你好我好大家好。比如，我说孩子不喜欢学习，对方就说孩子嘛，都这样，她的儿子也不喜欢写作业，转而又说，不过他喜欢游泳并非常擅长，每天非常开心。

另外，在工作或生活中，对不想做的事要委婉拒绝，说不做就不做，遇到该争抢的绝不手软，争抢后还是一团和气。我有个朋友就说，他们公司的印度同事和西方同事一样，平时笑嘻嘻四海一家，而遇到工作中的竞争，马上就各自为政地为了自己的利益冲锋陷阵，根本不在意昨天还一起泡酒吧、看球赛或同榻而眠。

华人平时任劳任怨，总是发扬集体主义精神，无论该不该自己做的，都碍于情面做了，被其他同事抱着不使白不使的心态“当丫头使唤”，一旦竞争开始，又受到诸多不好意思的限制，战斗力明显不足，结果往往是在职场中处于被动状态。

我们都认为中华民族是世界上最勤劳的民族，殊不知其他民族也这样评价自己。看看印度著名的IIT（印度理工学院）的招生比率：3%（45万人报名，招收1.3万）！！难怪印度人说，上不了IIT，才去上MIT（麻省理工学院）。可以设想，面对如此高的竞争压力，印度的学子们要多么勤奋地学习！

而在北美的工作中，印度人也没有停止奋斗。我有个朋友在硅谷工作，他的印度同事发给老板、抄送大家的电邮经常在凌晨两三点发出来。虽然有假装加班之嫌，但也不能一概否认印度人的勤奋。

印度人的勤奋也可以从对孩子的教育方面看出来。不同于华人家长，印度家长除了支持孩子上各种知识类辅导班外，还督促孩子参加各种体育运动——这也为他们的后代更加勇敢、顽强，更具竞争优势奠定了基础。

我认识一个印度裔虎妈，每天早晨四点起来带孩子打冰球，下午放学后学习乐器和球类运动，晚上还参加补习班。我俩的儿子都踢足球，温哥华冬天是雨季，十次有九次训练都赶上下雨。我是把孩子送去就回家，再去接，她是站在场地外陪着看。我表示佩服她的精神，她却若无其事地说，这不算什么啊，如果我都怕淋雨，那孩子们怎么能安心在雨里奔跑?

印度人对新环境的认同感很强，家族观念浓重，故土意识反而不强。没听说多少印度人回流，也没听说他们一定要落叶归根。

我所见的很多印度人都很传统，有的女性还穿沙丽，锡克族男性一定戴着“头巾帽”。印度人聚居的区域，礼拜堂很快就被修建起来。饮食习惯更是被几乎完整地保留下来。真是“此心安处，便是吾乡”。在马来西亚时，看到电视上印度裔政界人士出来侃侃而谈，张口闭口说的都是“我们马来西亚”云云，俨然大马代言人。这次加拿大政府成立仪式上，印度裔部长稳重、大气，自豪感十足，也仿佛是多少代世居于此。

有人说印度人安心扎根，是因为印度太穷，无路可退。其实不然。我的一位印度朋友说，在印度时，他们家里有很多仆人。她先生因为学IT，崇尚美国的科技进步，年轻时投简历在美国找了工作，因此搬家来北美。后来因为美国不容易拿绿卡，居住六年后，他们转而申请移民加拿大。她说他们的兄弟姐妹都来过加拿大看望他们，但因为这里的仆人不容易雇用，更不能随意驱使，故而亲戚们不愿意移民。

印度承认双重国籍也是对印度人归化入籍的促动。而大多数中国大陆的移民都选择“国际家庭”，夫妻中一方加入新国籍，另一方为了保留中国国籍而只拿永居卡。

入籍与否对融入主流社会有很大不同。不入籍，就没有选举权。没有选举权，市选、省选、国家选举时，就不能投票支持谁、反对谁。不表明立场，当权者就不在乎你。逻辑就这么简单。各种选举后，都会统计出选民的族裔。发声强势的族裔，政客们都会重视——当选的要在乎广大的民意，落选者希望下次能拉到有力的选票。温哥华所在的 BC 省前省长简蕙芝当选后，专门斥巨资举办了印度电影节，用以答谢推她上位的印度裔选民。电影节的举办，又为印度人在本地的影响壮声色，其他族裔也更重视印度人。

这还是政客对选民最浅白的表示，而政策倾斜、政府在具体事务上的支持那些深度的影响就十分巨大了。比如经常变换的移民政策，其中的打分项目就很容易有倾向性。刚刚结束的一月份，联邦政府发出 4449 份特快移民邀请，其中 20% 的受邀人员来自印度，最低分数是 457 分，而华人一般连 450 分都很难达到。由此可知，这四千多份受邀函中，华人的占比可能很小。长此以往，华人移民势必会减少，社会影响就更微弱了。反之，印度人拖家带口来得更多，以他们的自信、积极，能更快、更容易地“拿下更多的地盘”。

印度人在北美的日益强势也和他们善于“拖家带口”的抱团儿精神分不开。往往是一个印度人移民，整个家族终究都能被移过来；一个印度人进入一个行业，马上跟着就来了更多的印度人；一个公司招来一个印度人，很快公司里印度人就能占大多数。以大温哥华地区来说，出租车、建筑业、邮政系统，甚至机场的地勤，基本都被印度人占领了。这点和韩国人很像——大温地区的干洗店据说都是韩国人在操办。温州人也是这样在生意场上互相拉扯，结果就有很强的实力和势力。有钱大家赚嘛。

印度人真是拉帮结派不避嫌。公司招聘时，他们尽量举荐自己的亲朋好友；一旦有了人事权，他们招聘时对自己的族裔真是“贵手”能抬多高就抬多高。这样的好处是很快能形成一个互助团体，比一个人单打独斗强。那位曾经家里有很多仆人的印度太太就在邮局工作，她说找工作并不困难——加拿大邮局的董事长及CEO就是印度裔嘛，连带着下面很多大大小小的经理、负责人都是印度老乡。

温哥华有位家具店店主是印度的锡克族，他生意很好，却主动给锡克族客户打折，也只给锡克族打折。而这种对同乡同族的关爱，在梁实秋先生记述安徽馆子的文字中也曾见过——北平时期的安徽馆子对于操安徽口音的食客额外关照，炒菜的油要厚着些。

大家都有共识，如果惹了一个印度人，那就是与全体印度人对立——如同惹了黑人一样。

多伦多地区曾经发生过大规模的印度人抗议游行，是由一名印度裔教授被学生指责身上咖喱味太重引起的。据说当时印度裔教授看到学生的指责信后，马上叱责学生，去校方投诉。同校的其他几位印度裔老师也去声援。随后，许多地区爆发了印度人大规模的示威游行。多个媒体前去报道，更有力的支持来自印度——印度国家电视台也来加拿大录制现场节目，然后通过国家电视台的渠道向全世界播放，声援印度裔的游行。强大的族裔后面是祖国强大的支持！此后，据说加拿大主流社会对印度人的歧视就减弱很多。

还有报道说，一名加拿大的印度裔青年去澳大利亚登山失踪，印度裔移民立即游行、声援，给政府施压，要求政府出面协助寻找。结果是加拿大派了部队去寻找。

和华人圈里常见的事不关己高高挂起、大事化小小事化了、能忍则忍相比，印度人真是够折腾的。可他们越折腾越有能耐、越折腾越被重视，也正是他们这份不屈不挠的折腾劲儿，为自己赢来了新天地。

有的华人认为，印度人赢得西方主流社会的好评，是因为他们会拍马屁。其实不然。或者说，即使拍马屁，也不是空对空，而是有些牺牲和担当。

就拿某年年末开始的难民风潮来说吧，新任总理要在短期内接纳 25000 名叙利亚难民，赶上 ISIS 混入难民袭击巴黎，加拿大社会立即沸腾。反对方和支持方各执一词。华人社会大多数反对，华人媒体也几乎全部一边倒。我特意做过非正式调查，问了39位华人朋友，只有一位支持迎接难民。但这一位也表示，没想过要把自己家多余的房间拿出来租给难民住。

怨声鼎沸中，有位做建筑商人的印度人站出来说话了。他说感谢加拿大当年接纳他移民，感谢社会多年来给予他的支持，如今，在全国面对难民潮压力的时候，他愿意将他在温哥华的一栋空置楼房拿出来作为难民的短期安置场所。这栋楼本来打算过几个月拆掉重建，现在先不拆了，用来出租给难民作为周转房。本地楼房多是低层，一栋楼也只能提供十几个居住单位，他也不是免费，是收租金的，可贵的是态度。跟着，大温地区的房地产协会主席就出面，提倡建筑商们都向他学习，为政府和社会分忧解难。对政府来说，这位印度裔建筑商是关键时刻见真情啊！投桃报李，想必他将来的路会更加顺畅。

任何族裔的文化都有随着时代不同而变化的优劣性。在全球化的当今时代，对普世价值的认同、对通行的行为规则的掌握、对个人利益和社会公德的协调等，都需要有清醒的认识。如何能在安然自处的同时与社会、世界大环境交融，为自己、族群、后代争得地球公民的一席之地，是应该足够重视并有意识地付诸实践的。

三人行，必有我师。与其嘟囔、碎碎念，不如见贤思齐，也学习一下老印的长处。

他们为什么感到幸福？

对于移民来说，是否“真的”实现本土化生活的标志之一是自助、自驾旅行。我们的自驾工作展开得不好，自助旅行正在学习中。我们第一场自助旅行也不是真正的自助，而是在亲人的安排下，全家出行。不过走得倒是比较远，去了加勒比海。

去加勒比海的游轮是从波多黎各的 San John 启程。这个西班牙语地名发音类似于“三欢”，中文翻译是圣胡安。从温哥华出发，大多数航程都要中转两次。看了地图，基本就是横穿美国。去程是从温哥华到旧金山，横穿美国到纽约，再从纽约到圣胡安。回程是纵贯美国，从圣胡安直接到芝加哥，从芝加哥到西雅图，从西雅图到温哥华。

在美国本土并未出机场。走马观花的感受是，可能由于人口远多于加拿大，所以美国人的热情和礼貌程度都低于加拿大。不过美国的卫生程度、科技更新及普及的情况令人赞赏不已。比如，卫生间的整洁就很能反映一个地区的卫生和文明情况。进入美国边境后，卫生间无论大小，基本都有一次性的纸质马桶圈垫。芝加哥机场的卫生间用的则是根据光热感应自动更换塑料薄膜的圈垫。这件事看起来似乎很微不足道，但是能反映出很多问题。

从美国本土到了波多黎各，感觉卫生程度明显下降，不过人倒是更热情了。可能受西班牙文化影响，或者是旅游业发达的缘故，不只波多黎各，我们这次旅行所到的几个加勒比海岛国的人都很热情、友好。

这几个加勒比海岛国的情况大致是：

圣巴布多斯，英联邦国家，一直是英国的殖民地。圣露琪亚，英联邦国家，但因被英法争夺而发生过十四次战争，原住民更喜欢法国统治，因为法国人对原住民较为友善，因此他们受法国影响更多，土语是英语、法语混合语，地名中以法语居多，跟随法国信奉天主教的民众居多。安提瓜和巴布达，英联邦国家。圣马丁，这是个“和平友好”的典范，不大的小岛被法国和荷兰友好分配，一直没有战争。如今荷属部分已经独立成为国家，但仍遵从荷兰国王为国王；法属部分还是法国领土，法国方面每六个月更换一次派驻来的警察。圣托马斯，美属，是美国海军在多年前强行从西班牙手中购买的，美属维尔京群岛的一部分。

加勒比海岛国让人清晰地感受到过去几百年西方列强的发展史。这些岛最早的居民都是印第安人，大航海时代被英国、法国、西班牙、荷兰等占领，占领国为了争夺领地彼此还战争不断。列强占领后，基本都是将这些岛开辟成种植园，从非洲抓来黑人当奴隶。

在经过数不清的奴隶的起义和抗争之后，黑人们获得了解放，其后印第安人、黑人、白人之间普遍通婚，岛民都成了“混血儿”——不过黑人的基因可能以显性居多，所以居民看起来仍是黑人。

语言则根据长期占领国来定，有英语、法语、西班牙语等，土语是一种或几种语言的混合体。文化习俗包括印第安人、黑人和占领国的习俗。宗教多是基督教或者天主教。二十世纪后，这些岛国大多纷纷独立，独立后仍和宗主国关联紧密，比如英属的仍是英联邦国家。

这些岛国虽然都不富裕，不过人民的满足感高、对国家的热爱程度高。

在圣巴布多斯时，载我们环岛游的司机六十九岁。他说，虽然他收到的车费可能低于同行，但他不在乎，他只是希望向游客充分展示本地的美好，让游客能再来。他也的确做到了，他带我们去的海滩被我们私下认定为此行去过的海滩中最美的。

圣露琪亚是个火山国，国民富裕程度可能类似于中国的一些大型县城，但导游自豪地说他们出过两位诺贝尔奖得主，还指着一个着实不大的图书馆说是他们的国立图书馆。这个图书馆经历了 20 世纪的一场大火，是当地唯一幸存的古老建筑物。一条通往山顶的小路被命名为“此处去往天堂”，而去往天堂的小路边有位类似于梭罗的人开荒独居，已经十五年。头发蓬乱的独居者说，他每天听“美国之音”，他不是没有文化也不是赚不到钱，他只是不需要钱。导游说，这位独居者如果丰收了，会送多余的收成给路人，不收钱。我问导游他为什么可以随意在此处开荒，没有政府制止吗？导游奇怪地问，为什么不可以。他要生存，这是他自己选的生存方式啊。

在安提瓜时，我们和另外的游客一起租车观览。别的游客问我们去过的海滩哪个最好，我们说圣巴布多斯的。六十八岁的司机听了微微不悦，说那你还没看完我们的岛呢。可能是和我们聊天投缘或者是为了充分展示风景，司机不在乎绕道，多带我们去了几处景点。

值得一提的是，在这些国家，包括后面的圣马丁、圣托马斯，海滩都是免费对公众开放的，任何人和机构不得将海滩围起来。不过临海滩的餐厅和酒吧可以摆放、出租躺椅、伞，但绝对不能占有海滩。岛中的热带雨林和山地亦是如此。简而言之，公共资源领域中没有特权。

其实这些岛民的生活并非总是诗情画意。每年从十月到次年四月是旅游旺季，接下来是飓风季节，游客稀少。岛上除了甘蔗、香蕉、可可、咖啡等热带作物的种植业和相关加工业，没有重工业，甚少出口，基本上靠旅游业支撑。旅游淡季时，他们的收入可想而知。问导游淡季时他们做什么，回答都语焉不详。一位游客说，淡季时岛民肯定酗酒，因为这一带盛产朗姆酒，价格低廉。

这些岛大多都有两个执政党，岛民们的政治热情不像美国、欧洲那么强烈。岛上的文化教育活动貌似也不活跃，基本都是有一所大学，有志深造者大多去美国、加拿大、牙买加。与其他岛国不同，安提瓜和古巴关系好，所以他们的学子可以去古巴深造。圣露琪亚和中国关系好能从中国拉来投资，修建各种基础设施，比如学校、医院等。他们的一所大型医院就是由中国投资建立起来的。

游轮行驶七天后回到波多黎各，我们又停留四天进行环岛游。波多黎各的经济也不算发达，除了省会圣胡安，我们去的其他几个地方也和中国的大县城差不多，不过卫生、民众风貌、社会安定程度都不错。总体感受是，这里和去过的几个岛国一样，民众心态平和，不焦虑、不急躁。路上汽车鸣笛的绝少，有时候在窄路上见过前车停下来司机聊天的，后面的车都没有鸣笛，只是找空隙绕行。

圣露琪亚的导游三十八岁，有两个孩子，太太是按摩师。他说他的房子五年前被一场大火烧毁了，现在租房子住。午饭他都没有准备，我们和他分享食物他很开心，对我们表示感谢。他的经济状况看起来也不是多优越，不过他也一样生活得开心、安稳。

是什么带给他们安心满足？又是什么致使我们不安、浮躁？

读万卷书，行万里路。旅行的意义有很多，其中之一便是提供对比。正所谓“没有对比，就没有伤害”，有时候看到别人的生活，才能惊觉自己的不足。

云海的启发

我们的居所在山上，冬天里常常能见到云海。这一次的云海已经持续了四五天。日夜不断。

以前我对云海里面的世界有着种种奇妙的幻想，直到前天第一次在这样的天气中下山，才真正了解。

开车下山吃饭，离开家的时候阳光有点儿刺眼，先生不得不戴上太阳镜。

两分钟的山路冲下去，直接就冲进了云雾当中，能见度相当低。先生反应慢，没想起来摘太阳镜，让我这个坐在旁边的观者觉得颇为滑稽：大雾中戴着太阳镜开车，那可真是漆黑模糊一片。

和云外的温暖完全相反，太阳照不进的云雾里是一片湿冷。与外界根本是两个温度。而且，云雾很低的时候，和整个地区起雾时完全白茫茫的一片又不同，云中的世界，水汽有如缥缈的半透明活物一般，用着奇怪的流动方式贴着地面扩散出去，缠绕着树木和路标。

对比云之外的艳阳，这里完全像坐着时光机回到了十八世纪的伦敦街头。当然，这里的云雾都是水汽，没有工业社会那么肮脏，不过那种压抑的气氛太明显了。可能也是因为文人脑海中总有个奇奇怪怪的世界，我觉得大雾里影影绰绰，周遭也显得诡异、冰冷而又可疑，好像不断扩散的水汽当中随时会冲出来什么怪物，或者发生什么事情一样。

午饭后云海依然很低，我们一路开上山去，穿过云雾，又回到阳光里。回到阳光的那一刻也仿佛是穿过时间的围墙，从阴冷的过去返回到温暖的现实。

雾气一直到夜里都没有散。前一天下午喝茶时，看到云雾随着不断变换的光线变换模样。夕阳中的云雾最美，从淡粉色到玫瑰红，阳光尽情地挑染着雾气。

远山如黛，高处的雪山在太阳最后的金光中闪亮，山峰下都是云雾。云雾遮掩住了尘世。入夜后，山下仍是仙境般的云雾。云雾吞没了繁星般的灯光。今晨起来，从窗前远眺，山下水墨依旧。

我打定主意，今天说什么也不下山了。有很多美都是远观即可，切不可深入。距离保持美感。

自从切实体会到云海后，总忍不住悲天悯人，再看到窗外壮观的美景，便想到山下的阴霾，欣赏云海的乐趣也减少许多。

大学时，和来自江南的室友聊天，谈到喜欢江南春耕的情形——春天里农夫拉着水牛在水田中插秧，恬淡自然，她说：“那是你们这些看画的都没有真的去插过秧。你知道光脚挽着裤腿在水里站一天的感受吗？”

很多美好都是因为不了解实情产生的错觉。比如看着夜晚农家昏黄的油灯觉得温馨，可只有当你真的用油灯时，才知道电灯的好处。发达国家批评发展中国家破坏自然、追求物质享受，也是同样的道理，站在电灯下的人永远没有资格批评用油灯的人对电灯的渴望。

从前觉得云海中是仙境，即使知道云海在山下，也知道山下的情形，仍然想去体验。如今再没有这样的念头。看到云海就尽量避免下山。

凡事都要亲身经历才知道深浅。所以有时候，不要给别人建议。聪明人不需要你的建议，傻瓜呢，是你说了他也不会听。这样说虽然极端，不过无数个实例告诉我们，凡事都是自己经历了才有体会。听到的总是隔着一层，很难切实指导行动。

昨晚带孩子游泳，回来时天已经完全黑下来。驾车经验少、暗视力极差、山路上急转弯多，再加上大雾，对我而言真是雪上加霜。几百米的路程开得如履薄冰，实在觉得不堪重负时，一个转弯后，居然冲出了大雾，眼前立刻清朗。

任何时候觉得难以坚持时，无论工作、事业、生活、感情，再忍一口气，说不定就解决了。回顾过去的几十年，不能说那些不成功的都是由于轻易放弃，但很多成功都是靠坚持。

山下的朋友来做客，看着云海和艳阳感叹，她很少上山，不知道山下阴雾难挨时，山上竟是另一番天地。其实山下的房子也不便宜，山下的生活也没有更方便。那为什么不搬上来？

眼前看到的不是世界的全部，总有更美好的天地等着你。多留心，也总会发现适合自己的新环境。搬家是个麻烦事儿，不过折腾一次能享受到很多的幸福，还是值得的。不是说人生就是一场修炼嘛——与之匹配的是，人生就是一场场变化。

雾气大的时候，云仿佛伸手可触。孩子说，云离我们的房子直线距离不到十米。十米有点儿夸张，山路距离是三百米。当初选房时没有考虑过高度问题，现在看来是意外收获。这点海拔高度阻止了云雾的向上扩张，使我们能多看到些阳光。孩子说，那如果我们住在山顶上，不是更万无一失。我们的小区向上二十米有条马路，被称为雪线。据说超过那个高度的地方时常下雪。我们也确实感受过，我们下小雨的时候，去山上人家做客，他们那里在下雪。

高度很重要，但不要太高，太高就高处不胜寒了。

隔壁街区的熟人来电话聊天。谈到云海，她说她听说山上的云海很漂亮，不过她从来没看过，因为她们的房子的朝向不同，所以从窗口看不到这个景观。不过人家能直接看到另一面的山，也是我不能时常看见的美好景色。

视角也很重要。经历过同样的事情，每个人的体会各不相同。要么怎么说，历史没有真相呢，只有每个人的理解和还原。现实其实也一样。我们常被自己的视角和思维方式所局限，可能永远无法理解对方的想法，何况就算见到了一模一样的山峦和云雾，每个人的想法也是不同的。

但我们都渴望和别人分享自己所看到的美好世界，所以我喜欢写作，希望和别人分享我心中绮丽或怪诞的景色；也同样喜欢读书，因为能了解到别人心里构建的一个个不同于我的，却也精彩纷呈的世界。

第二章　资本主义的桥也不是好过的

机场惊魂

搬家抵达温哥华时，我在机场切实受了一次惊吓。

入关时，我们遇到的亚裔面孔的海关官员是个小伙子，看着不过二十几岁，说话快而干脆。当时我的英语还是纸上谈兵的水准，根本说不出完整的句子。我的回答越结巴，他越着急；他越着急，我的大脑越空白。睡眠的严重不足和口语表达水平一般致使我几乎每个问题都要他重复一遍。

在填写入关表格时，我在是否有搬家的集装箱入境时解释了半天。表格上是 has arrived，我画了勾，可能画错了，因为我们的物品已经起运，即将到达，所以应该是 will arrive。当然他也没说，只是在我反复解释后，在表格上写了什么。

推车出关时，官员收了入境表，却让我们进入一个小厅。

进去一看，原来是行李查验处。我们前面排着十来个人，有一个人的行李正在被认真地查验。海关打开他的包，每件都看，频繁发现问题，好像是某些奢侈品女包的购买时间不对，有逃税的嫌疑——不是像他说的早就买的，而是新买的，销售单还在包中。

那位被查验的先生看着像国内常见的大款，他没有自己推行李车，而是雇用了机场搬运工。推车上还有两件没打开的行李包。我问了那位搬运工，他看了看我们那两大车行李，说我们的查验大概要一个半小时。当时我的心就凉了。唉，接机的朋友还在外面等。再说了，如果真的查验行李，全打开再收拾好，也不是一个半小时能完的啊。

不懂英语的先生问我怎么了，我说可能是刚才哪句话没回答对吧。他宽厚地安慰我说没事，让有些焦躁的孩子耐心等待。我给接机的朋友打了电话，解释了情况，朋友也劝我们别急，安慰说行李被抽查也是正常的。

等了十几分钟，终于有位戴着头巾的伊斯兰女警官来问我们。她看了入境卡后问了一串话，我基本没明白。但是这次我镇定多了，慢慢和她说“请让我慢慢用英语解释”。她做了个 OK 的手势。我说明了集装箱十多天前已经启程，装了我们的书和一些新旧家具，大约二十日后到达。她马上表示明白了，让我们在 1 号台等。我还是不明白啊，不过能被开始处理也是进展。

又过了几分钟，来了一位和善的女官员，她问我要什么文件的。英文版还是中文版。什么文件没明白，中英文版听明白了。当然是中文版。文件拿来了，一看，差点儿吐血——一张繁体字的海运搬家清关说明。唉，这张纸我们上次首登时移民局就发了。

给了我们这张纸后，女警官说我们可以走了。走几步后见到的出境警官要入境卡，我说给了刚才的警官，她扬声一问，对方说还给我了。拿出纸袋一看，果然在我这里。唉，真尴尬。这不是当面欺骗人民警察嘛。警官倒是没说啥，对我的道歉连说没关系。

捂着跳动异常的小心脏走出小厅，长出一口气，真是一场惊魂啊！

交罚款是可以讨价还价的

来了加拿大后，感觉本地人办事比较一根筋，说好的条件不会通融，一丝不苟。然而，有些时候，被处罚时却又可以讨价还价！最早的体会是缴纳停车罚款。

此地停车大多数是免费的。不，是绝大多数是免费的。所以我们刚来时，只记住不要占轮椅车位，看好停车时间限制就好。

来了没几天，就去了隔壁城市考 ESLA 的英文测试。进门之前，看到楼旁是收费的咪表车位。费用倒是不贵，不过紧靠马路。而楼后的停车场宽广，写了大字限制停车三个小时。我和先生一算，怎么也能在三个小时内出来，便停好车放心进去。

考完后，轻轻松松地出来，惊见雨刷下压着一张单子——罚单。赶紧研究原因，发现电线杆上挂着一块牌子，密密麻麻地印了很多字。仔细看去，第一句就是“这里属于私人物业”。完了，刚才咋没注意呢？再看罚款金额，真不少，居然要 61.59 美元——不知道这个零头是怎么算的。

回家后给老移民同学打电话，请教他该怎么办。他说，一般这样的情况或者交钱，或者拒付、等法院仲裁。他自己因为刚来时使用停车票不当，被查票的警察罚了 150 美元。他不服，认为罚款太多，拒绝缴纳，上了法庭后，法官判了 30 美元。

等法庭裁判也是结果未卜，毕竟我们这笔不到 60 美元，但是全额缴纳实在不甘心。我想了想，还是折中一下，和这个“钻石停车场”讨价还价试试。

打了客服电话，和她讲了情况，解释是新移民，第一次去那个地方，确实不知道有这种停车场。她说，他们的停车场是给旁边的商业中心用的，不是给移民局的。她不能撤销对我的罚款，但是可以减免到 35 美元。现在能付吗？ 成交！

过了两个月，去参加一堂法律知识普及课程。讲课的律师谈到这个问题时，竟然说，这个罚款可以不交，但是要注意，以后不要停在这家停车场管理公司的任何车场，否则容易被拖车。当然，律师也说，可以打官司，要求法院裁定是否需要交纳及交纳金额。

再后来，我还遇到过经过解释免单的停车罚款。不过毕竟停车费是小 case，交就交了，多交也多不了多少，打不打官司也不吃劲。可是，我听说过一笔 10 万加元的医疗费竟然经讨价还价也被免单——这可是大数字。

某移民的父母来探亲，突发疾病住院。本地医院是治病第一，事后才算费用，并不会因为不交押金而拒收病人。事后一算，保险公司赔付有限，剩下的十几万加元要该移民缴纳。该移民是一般的工薪阶层，没有多少存款。交了两年后，勉强还完了零头，还剩下12万加元。实在无奈，去找医院谈判。不知道通过什么渠道谈成了，又交了 2 万后，10 万余款被免除了。

当然，这是听说而已，尽管为我讲述此事的是个实诚人，可是毕竟不是亲身经历。我还经历过多次银行、信用卡罚款经讨价还价后免单。我比较粗心，开空头支票（忘记把存款账户的钱转到支票账户，直接开了支票出去）、信用卡使用超过额度等没少发生。每次收到罚单或者看到罚款时，我都会致电对方，讲明理由（真的不是故意的），申请免除罚款。十之八九都被批准。当然，随着移民时间增长，经验丰富了，这类失误也越来越少。

像我这么糊涂的人毕竟是少数。对于大多数人来说，最常见的是交警开的罚单。需要注意的是，坚决不要和开单的警察讨价还价，那样会被误认为是妨碍公务。正确的姿态是接单子时态度良好，不要抱怨，和警察好合好散。警察不会当场收钱，拿着警察的罚单不要去支付，等法庭见即可。如果开庭当天，警察缺席，司机自动胜诉。但如果警察出席，也最多是维持原来的裁定，不会加重判罚。

我们有个朋友就在隔壁省遇到过这样的情况。当时一串车超速，他只是其中一辆，但是被隐蔽的警察截留下来开了罚单。他对于判罚不服，等待出庭。出庭日警察不仅来了，还有备而来，把判罚时的设备、证据都带来了。法官维持了警察的判罚，可也多给了一个选项，交罚款或者去社区做义工若干小时。朋友选了做义工，一方面省钱，另一方面也想熟悉环境。

这位朋友还有更传奇的一次“讨价还价”！他们第一次换枫叶卡时，有他们的原因，也有移民局手续的原因，综合在一起，先生的枫叶卡被拒换了。他们提出上诉。出庭时，移民局官员态度傲慢，可能认为结果是板上钉钉，出庭多余。法官却不官官相护，一眼就找出移民局的手续漏洞，把文件扔回给移民局官员。结论就一句话：你们的文件本身就有问题。根本没有追究私人这边的原因。

由此，这位朋友特别爱加拿大。也是，遇到不利情形时能讨价还价，甚至敢去与移民局抗衡，法官还站在咱这边，能不爱吗？

关于剪头发的笑话

上次回国剪了头发后，一直拖延很久。实在有点儿长了，耗不过去了，想回国又理由不充分——不能为了剪头发回国吧。再说眼看过年了，机票昂贵，算了吧。还是克服一下困难，在本地剪吧。

不想在本地理发的原因还不是因为贵——虽然这边的理发馆只剪不洗，需要事先洗好头过去，但最便宜的只要 19 加元。阻碍我在本地理发的主要原因一是需要预约，二是手艺不好。唉，这次剪完了，再一次证明手艺多不好。

我去的理发馆是个韩国阿姨开的，她号称自己剪了四十年头发。这次虽然预约了，但当天她那里生意好，我中午准点过去，还等了十五分钟。因为生意太好了，她难免有点儿浮皮潦草地打发容易打发的客人。等待时，看她给一个十几岁的男孩子剪发，孩子的妈妈皱着眉、撇着嘴在后面看。她就剪得非常非常认真，至少剪了十五分钟。我到了理发店，看她已经在给男孩子理发了。而轮到我时，大概看我对美也没啥特别的追求，第一次她用了不到十分钟就剪完了。

理发的时候我一般闭着眼睛。等她说剪完了，我睁眼一看，和没剪差不多，而且两边不一样齐。请她重新修理一下，她有点儿不大情愿，嘟囔着说她认为已经很不错了，但还是修了修。可惜不知什么原因，在头发已经剪得太短不能再剪时，两边还是没法取齐。这下好了，头发短得像个盖子，还是两边不对称的盖子，扣在我的大脑袋上。我顶着这个盖子结账，只付了 19 块，特意没有付小费。实在是不高兴啊！

下午孩子放学回家，一眼就看出来我剪发了，委婉地说："发型不错，这也是一个著名的发型，可惜就是和你的相貌不般配。"并在晚上再次端详我后，诚挚地建议："如果你也觉得太难看，要不就把头发都剃光了，让它慢慢长吧。"

周六带孩子打球，见到女友。事先还发微信告诉女友我剪头发了，看起来特傻，别吃惊。见面后女友还是热心地鼓励我说："没事儿，就是有点儿不齐，长长就好了。要不你洗了，好好吹吹也能补救。"唉，我已经在家洗、吹了好几次了啊。

周一执勤。学校的老师和家长倒是纷纷表态："啊，剪头发了！不错啊！""看起来很干练啊！"不只妈妈们这样敏锐，连一位父亲都用手比划着问我："你剪头发了吧？很棒啊！"唉，西方人就是客套多，要不就是审美标准和华人不同——因为只有一位华人妈妈谈到了我的发型。她是这样说的："啊，剪头发啦。下次我给你推荐一家理发店。"

自从剪了头发，第一眼看镜子就觉得这个发型眼熟。后来想明白了，再短几厘米，俨然可以假冒金正恩的姐姐。当然，乐观地想想，再长几厘米，我再瘦很多、年轻很多、文艺很多，也可以假冒“五四”女青年。

傍晚带着孩子游泳，在泳池边坐着学习，遇到了邻居。邻居一看我就乐了：“你们家先生给你剪的头发吧？”“唉，不是，是在那个韩国理发店剪的。”“啊？专业的剪成这样？那水平是差了点儿。”“是啊，两边都没剪齐。”“没剪齐？没收你钱吧？”“收了，一分不少。收了19块。”邻居没说话，摇摇头。想了半天，最后安慰我说：“以后不要找她理发了。”

剪头发的意外

从那次被韩国阿姨敷衍了事地剪发之后，一直坚持了近半年。再度到了忍无可忍的境地，我才下决心去剪发。这次选了另一家理发店。

按照门上的号码打电话过去，店主说他们周三、周日休息。如果理发，一定要预约，他们不接待没有预约的客户。单这个态度，貌似也比韩国阿姨随时让临时客人加塞儿的做法强。这家店工作时间也短，中午十一点开门，晚上六点就关了。我嫌他们开门太晚，想再找找其他开门早些的店，这样一早出去办事时就顺便剪头发。打另外两个查到的理发店电话，怎么打都没人接，直接转语音信箱。只好再和这家中午开门的店约。

谁知再约，店主说她最早的空档在下周了。听得我犹豫起来，店主推荐店内的另一位韩国师傅，说这位韩国师傅手艺也不错。

下午四点半，我准时来店里。还真不错，居然准时坐在了椅子上，看来确实如店主所说，没有插队的，都是预约。韩国师傅是位大姐，不苟言笑。问我头发要剪到多短、是否保持原来的发型后，便默默地开始理发。这位大姐一上手，我就感受到她不同凡响。首先，她用了五个夹子夹住我暂时不剪的头发。要知道，在国内时，“御用理发师”小雨师傅最多用三个夹子夹住这些“二线头发”，还每次都说：“大姐，您可不能再掉头发了，这头发已经没剩几根了。”唉，自从读书后，脱发难以遏制啊。可是，今天，大姐居然用了五个发夹，虽然只是多了两个发夹，但也能从细微之处看出认真。

于是我就放心地闭目安享悠闲的剪发过程了。其间几次睁开眼睛，都看到大姐在一根根地修理我的头发，感动顿时洋溢心头。而当感动已经溢满之后，大姐还在有条不紊地一根根地剪头发。我是个急性子，确实有点儿坐不踏实了。要知道，梳短发这些年，每次剪头发都没有超过三十分钟的。可现在怎么也有四十分钟了——旁边的店主已经理完了两个半客户的头发了，而我这里却连定型那步都没到呢。

店主语言能力超强，和不同的客人讲着不同的方言——说完闽南话说广东话，还用普通话招呼着我。期间也用英语低声催促了几次韩国大姐，提醒她快点儿。可能担心我听了不受用，店主又和颜悦色地对我解释说，要吹完了看看效果再找齐。其实我也真是着急了，时间已经超过五点半了，那几根为数不多的头发还在一根根被修理着。我和大姐说，不用吹了，晚上要洗头发。大姐表示同意，不过手底下该干啥干啥。店主已经做起了打烊前的清理工作，而大姐又拿起了剪刀。

最后，到了五点四十五分，大姐终于打算帮我解开围在身上的罩布了。临动手前，大姐还是不放心地歪着头端详镜子里的我。我马上说“perfect”，跟着说了三声“thank you”，边说边做出想站起来的动作。大姐这才心满意足地放我起身。唉，我也真是不能享受慢生活的从容啊。不过，这么少的头发剪短就花了一个多小时，确实是创了纪录，也算一份惊奇吧。

交款时，我夸奖老板语言能力强，问她是哪里人。她居然是马来西亚人！ 她说她是马来西亚华人，十四岁开始去新加坡学习理发技术，并在那里工作。靠理发技术办的技术移民，来这里十二年了。

听说我在马来亚大学读过书，她高兴地和我夸奖起大马：“马来西亚特别好，对不对？人也好，吃得也好，过得舒服！”还没等我说话，店主有点儿失落地说：“唉，就是治安不好，不过人真是好啊！”说到马来西亚人，店主说他们好得不能再好，什么心机都没有，总是那么和气。最后，店主总结说，她太爱马来西亚了，并以大马为傲，所以这么多年，她没有加入新加坡国籍，也没有加入加拿大国籍。

“我哪里的人都不想当，只想当马来西亚人。”大马也不允许双重国籍，因此尽管她的全家，包括兄弟姐妹都来了加拿大，但他们都保留马来西亚国籍。这真是给我的第二重惊奇——一个总被外界以为华人是二等公民的国家，却让华人如此热爱。

还没有从接连的惊奇和感喟中走出来，我就迎来了第三重惊奇，赫然看到雨刷上夹着罚款单。罚单上写明我在最长允许停车一个小时的免费车位上，停车超过一个小时，罚款 73.5 加元，如果十天内交，罚款 63 加元。罚单上还说明四点半检查员来画线标记，五点半车还没有走，并附有照片。这个停车场很少满员，我来了这两年半中还是第一次遇到这样的检查！而且还罚这么多钱！真是有些不服气——五点半时，韩国大姐还没有开始用吹风机呢。

回家之后，第一件事是打开电脑，按照罚单背面提供的供“申诉”的电邮地址写一封雅思考试中常见的“申诉信”。边写边回忆曾经背过的范文和老师的讲解。

申诉电邮次日得到回复，要求理发馆提供证明，证明我的陈述是事实。隔天我去了理发馆，和老板解说后，她马上道歉，让我自己写几句英文再帮她读一下。我写完直接翻译成中文给她听——某年某月某日几点到几点，某某在本店理发，特此证明——她欣然盖章，并再次道歉。其实是我自己应该抱歉，停车时想当然，没有考虑到可能的因素，给大家带来这么多麻烦。而且，实事求是地说，也没想到那个停车场会查超时如此严格。

扫描这几句写在便签上的话发给执法者。第二天上午收到回复，说处罚撤销，请我以后注意不要超时。唉，肯定会注意，“惊喜”太多也受不了啊！

种花互助会

去年秋天种的风信子今春早早开花，花香四溢。为了养好风信子，我和园艺顾问没少探讨。我俩的购物偏好非常接近，只买对的、不买贵的。买花的标准是买想买的和特价的。我们已经一起买了剑兰、萱草、百合、铃兰、玫瑰等，种下之后随时互相通报长势。

院子里有个角落实在是不见阳光，种什么呢？正在我发愁时，遇到邻居 Rose。她说她那里有大批耐阴植物，可以分给我。Rose 已经不是第一次给我植物了。前年我家松树篱笆中一棵松树死了，想去买棵补种，她说她家后院正好有棵松树离房子太近、不想要，我们可以自己去移走。今年呢，在应允送我耐阴植物的当天下午，就托着一个大纸盒来了。盒子里除了洋姜块、几株耐阴的多肉类外，还有十几棵分株下来的鸢尾。她家的鸢尾开暗紫色的花，非常别致。鸢尾喜阳，于是我特意在房子侧面杜鹃树和薰衣草旁边刨出一片土种鸢尾。后院的地是土和石头混合垫出来的，翻地时翻出来的石头多得够围在开好的小花圃旁边当界限了，还为花圃添了野趣。

前天 Rose 又送来分株的君子兰。我家里没合适的花盆了，想起来邻居 July 说她家的花盆让我随便拿。去拿花盆时，July 送了我一个陶土盆。这边的泥瓦、陶土盆可不像国内那么常见和便宜，一个稍大些的陶土盆至少要 10 加元。本来我想去拿个大点儿的塑料盆种君子兰，等过些日子逛街时再去买泥瓦盆给君子兰换盆。没想到运气那么好，直接就让君子兰住在了合适的盆里。而且那个盆那么大，几年之内君子兰都可以放心地长，不需要换大盆了。

July 说受到我的种花热情感染，约我一起去逛几家园艺中心。一趟出游，我俩都看到了中意的花卉。她选中了几小盒蝴蝶花，我挑的是一株开满粉色花朵的小型杜鹃。我想买蓝莓树，July 说她去年打折时买过一棵，不过她家后院阳光少，树长不好，不如我移走算了，等将来结了果实时分她一点就行。回家后，July 又催我去移走，她说马上要出去带孩子上游泳课，让我自己拉开后院门移走就好。这边的后院都有个能从外拉开的插销，主要为了防止熊等野生动物随便撞开后院门。不过我观察过，熊能轻盈地跳过栅栏这个高度，所以其实连熊也防不了。为了帮助我准确找到蓝莓、不至于移错，July 还细心地写了个纸条插在蓝莓树枝上。

于是仅用了一个下午，后院里又多了花枝摇曳的杜鹃和凝聚了两家希望的蓝莓。忙活完了，已经太阳西斜。整日里和花草做伴，还有这么多朋友的厚爱，真是其乐融融！

迷路记

这次回国，带妈妈同归。妈妈本来病恹恹的，来了之后，呼吸了新鲜空气，马上焕然一新。第一天早起，我还在倒时差的困倦中，她老人家已经神采奕奕地要去走路健身了。嫌我不够积极，妈妈马上邀请婆母同去。老姐俩还挺合拍，一下子结成了走路盟友。

第一天两人小试牛刀，就在小区和周围走了两圈。我们回来的第二天，“老姐俩走路队”便开始远征。早晨九点多出门，到中午十一点半还没回来。我有些着急。婆母身体健康，但妈妈是咳嗽着回来的，在我姐姐家时曾经有一次走路过度导致虚脱，幸好被路人送回。有这样的担心，我坐不住了，想开车去寻她们。先生素来对我的各种担心都嗤之以鼻，不过怕我唠叨，只好不情愿地开车去找。儿子生病在家，听说去找姥姥和奶奶，奋勇同行。

十五分钟后接人回来了，说奶奶和姥姥坐在山下不远的小学那里歇着呢。两人异口同声地否定我的担心，都说是累了歇歇脚。我也没多想，找了几张我的名片写了家庭地址给她们拿着，以防万一。

今天早晨，“老姐俩走路队”又要开拔。妈妈居然还背了小书包。我问干吗不轻装，妈妈说背着 iPad 照相留念。我知道妈妈平时用微信，却不知道她也有这个随时晒行程的习惯。妈妈说着还有些不好意思地笑笑，我也没在意。

上午我去隔壁城市看牙，回来时因为晚了，给家里打电话说别等我吃午饭了。先生接电话好像不耐烦，说刚做饭。进家已经是中午十二点半了，家人才吃饭。原来“走路队”今天走得很远，而且确实是迷路了。

而且，她俩昨天就迷路了！两人不仅隐瞒事实，今天还志气高涨地要继续探路。妈妈带 iPad 的目的不是拍风景照，而是拍路标，以便迷路后找回去。两人又按昨天的出发路线走，但还是走着走着就迷路了。

昨天迷路后，她们向遇到的华人问路，对方又问身边的朋友，并让朋友开车送她们一截，再领她俩走到山下的小学。两人在山下小学休息时，被家人接回来了。今天迷路后，看到附近有两位华人女士，妈妈掏出昨天准备的名片询问，其中一位女士一看我的名字，马上就知道了——她家儿子正跟着我先生学中文呢！这样，老姐俩又顺利回家了。

这次两人主动交代了迷路的事，不然我们也会知道——指路的女士热心，给先生发了问候微信，问老人是否回家。而昨天迷路的事儿，其实还是被隐瞒着，直到晚上听到妈妈和爸爸视频时的对话，我才知道为啥她老人家今天要带着 iPad 出门。

妈妈素来追求真理，此番两次迷路更是不甘心，一定要问清究竟为何迷路。我画了两张草图，先生找出了地图，又在 iPad 上查出附近的路线图，结合妈妈沿路拍的照片，一番解释后，她表示基本弄清楚了。可还是要明天再次实践一番才放心。

本来我说陪她们同走，却因有事不能成行。妈妈信心十足地表示，她们自己去肯定不会有问题。三分钟后，听到她和婆母在邀请孩子，问孩子在家窝了几天，明天是否愿意和她们一起去散散步。

豪迈的银行行长

首登前，在加拿大某银行驻京办事处开了账户。办事处的工作人员问在哪里登陆，他们会安排最近的分行为我们办理开户手续。第一次说素里，很快就收到素里那边一个分行职员的电话，耐心地约了见面时间。后来改了要去列治文，我和办事处的人说了，他们再次给了列治文分行的联系方式。列治文的分行没有和我们约时间，让我们到了打电话。

列治文的分行为什么没有和我们约时间呢？我后来分析，是这位行长的个性所致。行长来自香港，在加拿大三十多年，完全没有南方人的仔细，而是比我这个素来被人认为粗枝大叶的北方人还粗枝大叶。嗯，换个褒义词，那是豪迈。

首登后，抵达次日去办工卡，然后应该去银行。银行离办理工卡的地方比较远，我们又没有车。给行长打电话，和她说了我们的位置，行长马上说她来接我们。二十分钟后，一辆银灰色的奔驰小跑车开来了。我们钻进小跑车，一路开到他们银行。行长的豪迈初现端倪。

到了行长的办公室，大家已经完全没有陌生感了。行长拿出自己带的水果给孩子们吃，还找了两个送客户的毛绒玩具送给孩子们玩儿。孩子们拿上毛绒玩具，立刻乖巧地躲到一边去玩过家家了。

这次主要是开户，办理银行卡和信用卡。因为我们事先汇款过来，所以信用卡就能直接开。说到信用额度，行长说，别开一千的，那够干吗的，怎么样也得开一万的。说到今后的贷款，行长说，他们盈利靠的就是贷款和其他理财产品，正常开户完全是义务服务，希望我们今后的房屋贷款能给他们做。真是快人快语，言简意赅，我们也觉得爽快、舒服。都办妥后，约好了取信用卡的日子——银行卡是总行直接寄到客户的指定地址，不给分行，而信用卡要到分行取。

走之前我们还真去办了房贷。那些天仓促之间看好了一套房，各家银行的利率差不多，我们想行长这么热情豪爽，就不找第二家了。办理贷款也快。定下来购屋时，我给行长打了电话，行长说没问题，开始向总行申请优惠贷款利率，我们便跟随事先定好的旅行团出游。

四天旅行回来后，贷款已经申请下来。连地产经纪都佩服行长办事利索，说我们能在两周的首登内买到中意的房子，和银行的高效率分不开。

临行前一日去行长那里签了一些字，顺便去取信用卡。取的时候只找到我的一张。先生的呢？行长先是怀疑自己弄丢了，后来发现她申请时漏了。“重新申请一下就好”，行长还是豪迈地说，“你们先忙别的，下个月我去北京玩儿，给你们带去，你们请我吃饭就行。”看来豪迈也是一柄双刃剑。

月余后，行长真来了北京。约好了周末来吃饭。一顿火锅相谈甚欢，告别时先生想起自己的信用卡了，问行长，行长平静、干脆地说：“我忘带了。”先生愣了愣，望着一脸无辜的行长，也马上接受了现实。反正加拿大的信用卡到加拿大才用，所以约好几个月后我们正式搬家过去了，再去支行取卡。为了弥补自己的疏漏，行长让我们安心，说十月份交房时他们一定全力以赴地做好工作。

十月份交房当日，律师打来电话焦急地说，银行方面还没放款，如果延期了会被罚款的。找银行，行长说她把业务交给了一个职员，而该职员目前在休假。我就对律师说，我们的首付在账户上，而银行职员消失了。律师说那就和我们无关，要靠银行解决。大约在当地的午夜时分，这笔首付划到律师账户上——不知道行长怎么把这名职员从慵懒的度假中揪出来的。

十月底，我们的第一笔房贷也被划走。十二月份，行长给我打来电话。寒暄之后，说：“啊，上次是不是你们走得匆忙，咱们忘记约定从哪个卡里还款了？所以你们的房贷现在划不走。”我说不会吧，十月份时我查看网银，看到划走了。这时行长肯定也看到我们的账户明细了，听她自言自语说：是啊，划走了啊，那怎么十一月不行了呢？一阵嘀咕后，行长又干脆利落地说：“没关系，这个月我们多划一次就好。”十二月底，账户上被划了双份的房贷。而我们也已“训练有素”，见怪不怪。

这篇文章在微信公号推送后，总是潜水的行长突然微信联系我，问是不是写她的。看来可爱的行长一直在默默地关注着我的动态。

蓝莓园经营得好不好，关键不在于蓝莓

今年去采蓝莓的农场是西方人开的。蓝莓树都不大，规模也算中等，但看起来很专业。农场入口处插着显眼的广告牌，进入不远就看到凉棚下摆好了的秤和一大摞塑料桶。农场主要求称重时将蓝莓倒在他的桶里称，这样扣减的容器重量数值固定。

农场主很细致，和每拨顾客都交代得仔细。上次我们去的时候，他建议只摘大的，到远处摘，因为近处的大的都被摘完了。还说前一天有一批人一个小时摘了五十磅。在最高纪录的促动下，我们全家一个小时摘了四十磅。回来后冷冻了一半，又晒了些蓝莓干，剩下的基本都被榨汁喝了——不加水的纯蓝莓汁像果冻一样，要用勺子帮助才行。

第二次去采摘时，农场主又是一番长谈。他说：现在的局面是这样的，经过一个多月的采摘，大的蓝莓都没有了，今天和明天是这批蓝莓最后的采摘时间。第二批晚熟品种会在八月十五日开始采摘，当然，要看天气。不过呢，现在要罢园了，大家可以用省力的方式摘。他边说边比划，就是可以将枝头的蓝莓都撸下来，把青的不好的扔掉就行。昨天四个人一个半小时摘了一百八十磅！

他的这番解说非常有必要，让我们在采摘前已经做好了心理准备。因此，采摘时虽然看不到大的觉得有些失望，但是也能坦然地接受。采摘的时候，我还在反复琢磨他的这种交流方式——要将最不好的因素告诉顾客，再告诉有利的地方，这样其实顾客心里能更踏实。既然来了，都会采摘一些，不会听说没有大的当时就走。而且，即使农场主不说，顾客如果看不到大的，想走还是可以随时走。倒是先说了，顾客有个心理准备更好。

尽管采摘便利，我们采了一个小时也只采到上次的一半。称重时，农场主又语重心长地嘱咐了一遍，这次采摘明天就结束了，下一批要八月十五日。开始了就早点来，这样能摘到大的。我问他八月十五日晚熟品种还是一块钱一磅吗，他说是啊，然后开玩笑地说："我是不是该涨涨价？"大家笑哈哈地告别，我们的蓝莓虽然又小又不多，但也觉得挺开心的。

出了农场，想起朋友说，这家隔壁印度人开的农场也能采摘，价格一样，我们决定去试试看。确实就在这家农场的旁边，而且大门还朝着主路开着，先前却没有发现。也不怪我们没发现，这家农场实在是太不注意形象。门口插着一个小小的牌子，写着可以采摘。进去一看，只有一个破败的屋子，没有什么采摘广告、停车指示。我们将车停在屋子旁，走过去问询。我朝着黑洞洞的屋子里 hello 了一声，才看到有个印度老人坐在屋里的沙发上。问他是否能自己采摘，他说可以。多少钱？他伸出一根手指。在哪里采？他这才准备站起身来，说指给我们。

我们的人都来到他的屋前，老人缓缓地走出来。他坐上一辆破旧的拖拉机，发动马达，突突突地往前走，我们只有跟在后面。本以为他腿不好才开拖拉机呢。走到路上才明白，路上全是浮土。来了加拿大，我们还没走过这么多土的路呢。我们一行人的间距必须拉开，否则后面跟的人被呛得咳嗽。他的拖拉机先到了，掉过车头，大手一挥，指着两行树说，只能采这两行，然后又突突突地开回去了，扬起来的灰尘将我们队伍后面的人又笼罩住了——一行几人谁也逃不脱拖拉机的灰尘。他这个蓝莓园的土真是大，回家后，我们所有人的鞋子都刷了一遍。

土是大了点儿，可一看到蓝莓，我们马上两眼放光。他这个农场的树树龄都很老了，因此果实饱满、甜美。树上满枝都是大大的成熟的蓝莓，根本不用挑。考虑到灰尘太大，我们也没敢直接在树下品尝。不到五十分钟，就摘了一桶半。期间老人又“突突突”地带来两拨人。每次都指给不同的一行树。我们称重付款时，老人也言简意赅，绝无西方人的幽默含蓄。采了三十六磅，给了他五十块钱，他说要找回十四块，我完全没听懂。他又说了一遍，我还没懂，他就不耐烦地去找钱了。

恰好，门口来了辆大车，车上的一位西方人进来了。印度老人拿起秤上事先称好的一盒子蓝莓递给他，笑容可掬地和他寒暄了几句。看来是朋友，要不我们来了这么半天，也没见他一点儿笑模样。送走那个西方人，他才又给我找钱。最后，他终于记起来说了声谢谢，我赶忙说不客气。

在回来的路上，大家都感叹，广告和为人处世的态度多么有用啊！那家西方人的蓝莓园即使都是大个的，由于树龄小，果实的风味和甜度也不如这家印度人的。而他们因为广告做得好、经营者修养好——我问过的几位华人朋友都去他那里采过——连那么小的蓝莓都有人来采。而这家印度人的果园，大个的蓝莓熟透了落得满地都是，却“养在深闺人未识”。我们虽然喜欢他的蓝莓，却也不想来第二次了。

备战备荒，愚公移山

有一年，温哥华雪大得反常。以前每年最多一场大雪，那一年从前一年冬天到当年二月，雪就没停过。到二月底了，还在下，气象预报说要下到三月份。地方新闻在对大雪各种开涮后，也没有力气再闹腾、贫嘴了，后来的新闻主题都改成“庆幸气象局没有发布暴雪警报”。大雪已经刷新了 71 年的记录，再刷说不定就刷到 100 年了——但也许不会，加拿大建国才 151 周年，不知道关于大雪的历史记载是否能到百年。

有一次，温哥华市政府没有雪盐了，向周边城市借盐。借到我们这里时，吃了闭门羹。我们的市长还和本市的雪盐库存合照，在推特上 @ 温哥华市长，表明自己死守盐库的决心。由于雪量超过历史纪录，很多市政府对雪盐的准备都不充足，那些大手大脚的就更麻烦了。这不，温哥华市政府刚给市民限量发完雪盐，就闹盐荒——发之前也不看看自己的家底儿。其实我们那个盐库的储量从照片上看，也很堪忧，不知道还能坚持多久。

敝城属于山区，由三座山头和中央的一小块平地构成。山比较陡，开车上来时，耳膜会内陷，可想其垂直程度。很多时候从温哥华开车回来，那边是晴空朗日，一路向东，回到我们这里便一头扎入烟雨蒙蒙。刚来时我感叹，不是说温哥华是最适宜人类居住的地方吗，怎么总是云雾缭绕的？先生说，人家说的是温哥华，又没说咱这儿的山区。在这样的地理条件下，温哥华小雪初降，我们山头已银装素裹了。

山城的另一个麻烦是温度低，雪化了容易结成黑冰。下雪以来，我不得不终止了每天早晨的健行。其间有两次全副武装、穿着雪地靴准备踏雪而行，却连小区都没走出去。太滑，步步惊心。朋友圈有照片为证，路滑得狗都摔跤！早晨，雪停后四五天了，硬是有一辆货车开不上孩子学校门口的大坡儿，还遇到黑冰，打滑横在了路中央。因此完全可以理解，为什么敝市的市长不敢把盐外借。

我们家是条雪线——我家下雨，过了我家下小雪；我们下小雪，过了我家下大雪。有位住在上面的朋友，她家门口的雪堆得超过了我的身高，严重地挤占车道。家里两辆车并停，车中间的缝隙窄到开了车门后，体重只有八十斤的她要脱了棉袄，深吸一口气才能钻进车。为了尽快改变穿着紧身衣吸气上车的局面，她先生决定发扬愚公移山的精神，把车道上的雪山铲走一部分。这也算没有白请假——她先生出差本来应该当月中旬才回来，由于雪大，提前请假回来铲雪。为了鼓励先生铲雪，朋友拍了他的铲雪照发在朋友圈。

我先生看到后大加赞扬，说愚公先生的健康指数会迅速提高。

这是发自内心的。午饭后，他也跃跃欲试地表示要向愚公先生学习，在自己的岗位上奋斗，并称之为一场持续地提高健康指数的民众运动。

我们这里雪量没有那样骇人，门口虽然也有雪堆，可不影响车道。我家的愚公说，他要把门前公共地面上的黑冰都铲走。经过一个多小时的努力，他终于大汗淋漓地回来了，边喘气边说：这下好了，全铲干净了，可以踏踏实实地迎接下一场大雪了！

群众不分性别、年龄、种族，普遍得了“铲后忧郁症”，具体表现是不时地去窗外、门前看看是否又该铲雪了。市政府严格规定居民要负责自家门口人行道的铲雪工作，否则有人摔倒须承担责任。温哥华市更狠，发现不铲雪的，一次就罚款近2000元人民币。在严罚之下，这个“铲后忧郁症”也可以理解。

我们小区没有人行道，先生仍然铲雪“上瘾”，见到下雪就惦记铲雪。长期大雪还让他养成了看天气预报的习惯。每天早晨无论多么忙碌紧张，也得看看天气预报，不看简直没法踏实干别的。

也许是为了鼓励大家和反常的雪季作斗争，气象局居然预测出未来几十年，温哥华将不再下雪，而是全年阳光明媚。唉，看着窗外茫茫大雪，这话谁能相信啊?

关于灰尘的笑话

上午在家写作，响起了门铃声。我家绝少来客人，除非预约过，很少有人贸然来访。开门，见一位工人模样的男士站在近两米外。不知道是不是正准备离开。见我出来，可能看我是亚裔，对方马上笑容可掬地僵硬地努力鞠躬。我也只好努力僵硬地还礼。他可能把我当成韩国人或者日本人了，或者他认为东亚人都这么鞠躬。

来访的目的是询问是否需要他们来洗窗户。他说他在小区里做活，看看还有谁家需要洗窗户。本着礼貌和练习英语的原则，我没有断然拒绝，听他介绍。他先说这么漂亮的房子，如果窗户能干净，那就更漂亮了。这点我同意。接着，他用手指摸了一下一扇窗户的外沿，沾了点灰，告诉我，灰尘会腐蚀玻璃。起初我没听懂，在他再三解释下明白了。刚明白时，差点儿笑出声来。

唉，这位兄弟实在不知道我的来历啊。像我这样的，在塞外生活了十几年，又去黄土高原上大学，然后去了近年来以沙尘暴、雾霾闻名的北京城住到搬家离开，我还怕灰尘?

家乡的沙尘污染记忆犹新。记得沙尘暴时，天昏地暗，从外面看室内的日光灯都是蓝紫色的。天空黑压压地压下来，真是“黑云压城城欲摧”。那时女生都流行戴纱巾。即使戴纱巾，晚上回家，低下头扫头发，往往还是有砂石簌簌落下。高中时每天晨练，跑步回来后，我的同桌就会说：“你的肺现在都是黑的！”我每天跑步，他每天这么说。现在同桌在环境监测部门工作，直接去进行 PM2.5 问题的研究了。

北京就更别说了。有位小兄弟刚独立生活时，很苦恼每天都要擦拭桌椅。有一次聚会的时候，他问大家如何能防尘。有人郑重地告诉他，你离开北京吧。如今这位小兄弟已经顾不得家具表面的灰尘了，整天忙着赚钱，以便每年冬天送老婆孩子去海南岛享受阳光和清新的空气。

如果灰尘真的能腐蚀玻璃，那我前半生都得在旷野里住了。说青苔腐蚀瓦片我还相信，说此地这样柔弱的灰尘能腐蚀玻璃，我是无论如何都不相信。而且他报价也太贵了。洗玻璃的钱和我去年洗屋顶、玻璃、水槽的钱的总数一样多。只好客气地拒绝了他。我说今年不考虑了，以后再说吧。

半个小时后，门铃又响。还是他。他指着对面的房子示意，他们的同事正在拿着高压水枪冲玻璃。他再次问我要不要洗。我再次说今年不洗。他又陈述了一遍灰尘腐蚀玻璃的理论，我在内心冷笑了两声，第一声为他的市场推广不及格冷笑，第二声为我的口语不过关冷笑。如果口语好，能马上给他讲讲几十年来的各种和“灰尘”

共存的故事和感受，让他也跟着涨涨知识。

他热情洋溢地说完了，看我无动于衷，便礼貌地停下了，彼此再次鞠躬告别。

白大仙的修炼场

白小姐相当苗条，着装讲究，偶尔和我一起早晨健行，着装都是美哒哒的，每次还配以不同的帽子，致使我误以为白小姐只适合逛街购物、不擅长体育活动。一个月前，当白小姐又约我次日走路时，我委婉地告诉她，我已经边走边跑了，不一定能跟她同行。白小姐还是来了，当我想跑步时，她说，“你跑你的，我跟着。”不想，这句话成了华丽的分割线。

白小姐边聊天边轻松地甩了我一大截，还扭头不停地鼓励我加油。瞬间，白小姐在我心中化身为白大侠。白大侠也意外地发现了自己的潜力，马上置装，准备跑步。

隔两天，我俩去学校操场跑步，白大侠撒着欢儿不知道跑了多少圈，不气喘、肌肉不痛。白大侠又瞬间升级为白大仙。

白大仙更是毫不含糊，认真地踏上了飞升的道路——每天晚饭后带着闺女去山下公园田径场跑步。白大仙的故事完全是“五十岁女士健美成功”“八十岁奶奶是长跑健将”的本地现实励志版。晚间山下公园的田径场也因此被我改称为“白大仙的修炼场”。

有一次晚饭后，偶然跟随先生、儿子去了白大仙的修炼场，有机会对本地群众的锻炼热情切实地感受了一番。一进门我就吓了一跳，人真多啊！我们这个城市一共十二万人，体育场里活动的不下几百人。

跑道环绕着的中心球场就有两场比赛，都是成年人组的业余队。踢得还挺认真，看台上还有他们的家属在观战。再看旁边的两个练习场，半大的孩子穿着队服在练球。其中一个孩子还拄着双拐站在那里陪练，简直是轻伤不下火线啊。

跑道上有各色人等。我听到最多的是粤语、汉语普通话、韩语。其他族裔的也有，不过走路遛弯的大多数都是东亚的。跑步的不多，亚裔、非亚裔各半。有位西方父亲带着看起来只有两三岁的儿子在跑步。小家伙很能跑，眼看着跑了小半圈不停。还见到一位围着头巾的穆斯林大妈，推着助行车在慢慢地走。一位额上点着吉祥痣的印度中年女性逆着人流在走，走得不慢，面带微笑。她可能在听音乐，也可能在观察人群。无论怎样，一圈圈地在众人中逆行也是挺有勇气的。

跑道之外的边角地带也被利用起来。有一组跳广场舞的，却不都是中国大妈，一半以上是其他族裔的年轻人。也不只有女生，还有几个背着双肩背包的高大的男生。年轻人笑着、跟着比划、转圈，动作很认真。一位年轻的西方人在僻静的角落里空手练习拳击，挥拳、脚步进退、在地上仰挺等。我走了两三圈的时间，他都在默默地练习，对不远处跑道上川流不息的人群视而不见，想必也是常客。跳远的沙坑里一个娃娃在玩沙子，他妈妈在附近陪着。再远一点儿，带着小宝宝的三口之家在踢球。

最吸引我目光的，是一个结束跑步后在草地上做各种平板支撑的男子。每一圈走到他附近时，都看到他在做支撑，俯撑或侧撑，没有停止过，动作标准且丝毫无倦态。

我边走边看，顺便远距离地拍几张不侵犯肖像权的照片。先生和儿子迪迪走路、跑步、做游戏，比我快多了。等我遇到迪迪时，他已经汗流浃背地在坐席一带等我了。

迪迪问我是否能跑步去追上先生，这样饭后运动就算结束。先生距我半圈之遥，为了给孩子做个跑步的表率，我只好启动，在人群间穿梭着跑起来。身上穿着的宽大的盘扣斜襟中式布衣跑起来时很兜风，大有飘飘欲仙之感，便暗想没准自己某日也可以飞升为大仙——可惜等追上先生时，跑了还不到一圈，我已经气喘吁吁不能再胡思乱想。

本期望遇到白大仙给她一个惊喜，但等到华灯初上、我们要离开时，也没看到白大仙露面。想必大仙近日功夫精进不少，要等月华当空才来练习吐纳大法？

打折促销催生出的购物狂爸爸们

周日，我带孩子参加活动，几位陪送的家长扎堆聊天。

林爸爸绘声绘色地给我们讲述他如何给家门换密码锁。我这个机械白痴听不懂，只能发挥想象。说到取锁芯要用什么工具时，旁边的刘妈妈插话了，她懂。因为刘爸爸整天摆弄各种工具——不是一般的摆弄，她家的车库早就堆满了工具成仓库了。于是，林爸爸说哪一步他需要什么工具，刘妈妈就接口说“我们家有”，林爸爸连着说了好几样借来的工具，刘妈妈都说他们家有。最后，刘妈妈爽快地总结说：“以后再需要什么工具，别去四处借了，先来我们家车库看看吧！我们家木工工具基本齐活，电钻最少五个！”

听到这里，只见林爸爸的嘴角上扬，目光蒙胧起来，一副憧憬美好生活的样子。那种眼神我很熟悉。我先生唯一愿意和我同去的商店是家装超市，每当置身于工具区时，他就会以这种温柔扫视过那些钉子、锤子、螺丝等，流连忘返。

刘妈妈没注意林爸爸的表情变化，扭头和我说：“你说，他要那么多电钻干吗？”还没等我回应呢，林爸爸激动地说：“有用啊！太有用了！你们不知道，当你需要什么工具就有什么工具时，那是什么感觉？！”我们当然不懂，只能对林爸爸点头表示赞同。点头的时候，其实还是不懂不同的电钻有啥区别。

我安慰刘妈妈，电钻多了就多了吧，咱不是不懂吗，懂的人就明白好处了。刘妈妈感叹说，唉，如果多的只是电钻就算了，可是，刘爸爸这个从来不做饭的人，锅之类的电器也在他的购物范围之内呢！而且他还给根本没打算做女工的刘妈妈买了一个缝纫机！

“你不知道，家里好多没拆封的东西呢。手电六个、充电宝数不清，买了台球案子放在那儿，上面正好放东西。乒乓球台子都没装呢，根本没地方摆！我现在已经不生气了，唯一的要求是别让我看见。”

“那你不管管他？”

“没法管啊。我一说他买多了，他就说正好打折，不买多亏啊！”

一听这句，林爸爸又感觉遇到知音了，“是啊，是啊，很多时候，那些东西打折便宜到你不买真是亏！前几天我买了把钉枪，才十几块钱！”刘妈妈和我面面相觑，显然我俩都不懂行情，不知道钉枪原价应该多少。可能是看出来我俩的外行，林爸爸又补充说，“钉枪啊！多有用啊！家里总得备一把吧！才十几块钱！”“对，钉枪怎么也算枪，应该备一把！”玩笑没来得及说，林爸爸已经开始表扬刘妈妈了，“你这个态度就对了！可惜我太太不能像你这样想得开。有机会你得劝劝她，让她别盯着我。男人买东西，有时候也是一种缓解压力的方式嘛。”

都上升到缓解压力了，似乎也情有可原。买打折的东西总比在酒吧泡着缓解压力强吧？再说，买多了不是能退嘛。“别提了，我可不像李太太那么幸运。昨天晚上她去我家，还聊到这个。她说原来在国内，李先生前面买，她后面跟着送人。来了这里好了，李先生买，她后面跟着退。反正购物瘾过了，她去退了她先生也不在意。我们家老公不愿意让我退，他说能升值，我根本找不到收据。几年前他买了个镜头，拿回来发现和我们家相机不匹配。去年他说镜头升值了，因为能和另一种新推出的机型配。我说那咱卖了吧，结果他把另一种机型又买回来了。”这段子可比相声可乐多了，笑得我差点儿没坐稳。

可能是不忍心听刘爸爸被刘妈妈这样“揭老底”，林爸爸吭声了，“购物欲是人之天性，在没有影响到家庭财务时，还是应该允许我们买的。”说得也是。不过这个影响不影响家庭财务，也不好辨别。

我一个朋友前几天说，她开始买 LV 包了。我很诧异，她根本不是那种用奢侈品的人啊。她的解释是，家里的钱放在那里，她如果不花，就被他先生用去买东西了。都买什么呢？“什么都买。电子产品多。遇到打折的，买得更多。还要赶潮流，我们家三口人，iPhone 买了四五台。每次我都忍着，实在忍无可忍时，就逼着他去退。他那个难受劲儿，就跟割了他的肉似的。”

买电子产品倒是男人们的共同爱好。不过她先生还不算夸张的，我还知道一个爸爸不只赶 iPhone 的潮流，其他各种品牌的手机新款都不落下。他太太说，他们家的狗都能分两部手机用了。买 LV 包的女友说，她有个朋友的先生是律师，钱赚得多，也花得厉害，主要都花在工具“收藏”上了。比如螺丝刀，能买几十套，从最简单的到最先进的，完全超越了实用的范围，上升到了博物馆级别。

“其实你们女的不也喜欢买东西吗？”是啊，女人不总是觉得自己的衣柜里少件衣服吗？我不买衣服，我买书，手边的书摞成高高一摞，都是没看过的，没拆塑封的书摩擦力小，时而轰然倒塌。倒下去之后，发现有两本是重复的，那就更难为情了。刘妈妈安慰我，“买重了你可以送人啊。像我们家，经常送朋友插线板儿什么的。”

大家一通批评、自我批评和互相安慰。林爸爸难能可贵地认识到自己购物有些“疯狂”、需要克制，但也表示，改变有个过程。我建议刘妈妈把家里多余的物品办个车库销售，方便大家，也减少库存。刘妈妈不置可否地摇摇头，对前途似乎并不感到乐观。唉，都是这个打折促销制度害的。源头不尽，危害难止啊。但奇怪的是，一样在享受打折促销，为什么中招的都是爸爸们呢？

第二天，我整理文件，发现家里需要一个碎纸机。我用微信联系刘妈妈，问她是否有多余的碎纸机。她回复说，这个还真没有。我说，刘爸爸的货品储备还是有发展的空间啊。刘妈妈回复了一个“不要说”的表情符，转而问先生何时去买一台。他说，不着急，等过几天有促销的时候再说吧！看来加拿大的男人对促销真是情有独钟。

信箱屡次被盗

加拿大并不完全是人间天堂，残酷的现实击碎了“梦想”——去年冬天的一个早晨我路过小区信箱，赫然发现一半住户的信箱被盗！这个盗贼的手段干脆、决绝，不是挨着撬了各家的信箱门，而是将整扇信箱门卸下来了。

我们小区住户比较多，信箱分两部分，各有一扇整个的门，门上又开着一个个小门。平时邮递员投信时，是打开整个的门，将各家的信放入各家的小格箱里——这个贼也是同样的做法，不过不是放信，而是拿走信。据邻居说，在整扇门被卸掉之前，那个月信箱已经有两次被撬了，撬的都是住户用的小门。可能贼发现有利可图，索性做了票大的。

之前我们一直沉浸在对本地治安“夜不闭户、路不拾遗”的误解中。倒也不能怪我们“单纯”，放在门外的东西确实没有人拿，经常听说某人没锁家门、车库门，却无任何不幸发生。包括我们自己，有一次早晨外出办事时忘记锁房门了，下午回来后一切照旧。

至于贼为啥要偷信箱，老移民解释说可能偷走的是信用卡开卡信、银行寄来的信件或支票等。前两者便于获取居民的金融信息（据说本地的网络金融犯罪严重），支票呢，有不法分子能涂改收款人栏目，或通过某种我们想象不到的洗钱方式将支票兑换成现金。

迪迪说，贼可能是想偷放在大信箱内的包裹。平邮来的、尺寸不算太大、能放在公共大信箱的包裹，邮递员会放入公共大信箱，然后将大信箱的钥匙放到个人信箱。住户打开信箱看到大信箱钥匙后，就用钥匙打开对应的大信箱，取走包裹后，锁闭大信箱，再将大信箱钥匙放回自己的小信箱。邮递员次日投递时会取走大信箱钥匙。小区信箱中一共有四个公共大信箱，三个都在被盗的这一边，所以儿子的推测也有些道理。

无论怎么分析，结论都是要小心。先生得到的经验是，以后每天下午一定要取信，不让信件在信箱内过夜。

修好信箱门花了两个月。因为警察要立案，小区物业要评估，再寻求保险公司理赔。所以等保险公司修好门时，我们已经去十多公里外的一个邮局取信多次。远程跋涉去取信的额外好处是加强了本小区居民间的团结——总有不会开车的邻居希望搭车同去。

可是万万没想到，新信箱的钥匙没用热乎呢，信箱门再次被贼卸掉。这次是把两扇门都卸了，偷得更痛快了！大家看到信箱的惨状都见怪不怪，也不用通知，老马识途地知道在哪里取信，同时默默等待——都没人去问物业公司何时能修好。

好在没有白等，等来了一扇银行保险柜专用的厚重的防盗门！

防盗门打开之后，才是新换的邮箱门。发钥匙那两天，业主委员会的成员们轮流值班，在信箱旁等着各户去领钥匙，同时还叮嘱大家，千万不要随手把广告邮件扔在信箱周围，那样会诱发贼人偷盗的愿望。这句话无论是英文版还是中文版，我都没明白。为啥花花绿绿的广告信能引发偷窃？不过小心驶得万年船，谁愿意总跑那么远去取信呢？

一份排骨成了开口“催化剂”

清关的次日中午，货柜来啦。十二点，一辆大车头拖着货柜拉车开到门口。司机是亚裔，却不是中国人（后来知道是越南人）。我们彼此都不大明白对方的英语，大致意思知道他要把货柜卸下，放在车库门前，次日上午他再开车来拖走。车库前是斜坡，他调整了几次位置，又在树篱中找到几块大石头放在车轮下以防止车轮滑动。

这么一折腾，倒是真让人担忧，想着这木头房子哪里禁得住庞大的货柜滑过去？不过又一想，今年的房屋保险已经购买，便释然很多。

代理公司说，工人十二点半就会来。谁知在无数个催促电话后，两点多他们才开车过来。

他们开了辆轻型厢式货车，里面只装了一块作为踏板的铁板和两辆小推车。车厢空着是有目的的——等晚上他们离开时，里面会装满包装垃圾。两位工人一位是华人，一位来自哈萨克斯坦。只有两个人来卸大货柜，我很怀疑他们怎么能卸完。这些天我打电话找装卸公司，对方都说最少要三人卸。

两人看起来都是三十来岁，还挺酷的，多余的话一句没有，来了就干活。华人拿出手机让我看时间，“2:50，请您记住时间，到结束时要帮我签字，我们要和代理公司结算。”原来他们和代理公司也是合作，代理公司要按照时间和他们结算。那天卸货一直卸到晚上十点，一共干了八个小时。如果按照 BC 省最低小时工资算，两个人怎么也要 30 美元，加上后来又来的他们的小头目，三个人的工资算完，代理公司也所剩无几。

两个工人手脚利索，基本没有停顿。先生也帮着他们做些力所能及的活儿。到了快五点时，先生听到华人在给小头目打电话，让他来时带些吃的。我们问了才知道，上午他们有一单活儿，做得慢，延误了来这里的时间，就没吃午饭。现在的年轻人很少吃早饭，又连午饭都没吃，还干这么重的活儿，真是不容易啊。幸好家里有刚买的两张比萨，我赶紧烤了请他们来吃。两个人吃了一张半。看来真是饿了。

小头目在结束手头的活儿后也赶来参加战斗。小头目叫凯文，没有那么酷，爱说话爱唱歌。聊天后知道，他是石家庄人，家里是农村的，来这边读大学，四年半工半读，大一来了到大四才毕业。现在毕业一年多，组建了这个小团队。小团队一共十五人，主要做回流人士的运输包装，搬运是副业。“那么多人回流吗？能供上你们的业务？”看我太吃惊了，可能怕我这个刚落地卸货的新移民太担心，凯文安慰我说：“不只大陆的，香港台湾的都做，都有人回流。”

凯文没打算回流，他觉得国内压力大，想打工赚钱，转成移民在此安家。他是学金融的，计划几年后攒点钱开始自己的事业。

晚饭是炖排骨和米饭。另外那个酷酷的华人开始说话，他叫丹尼，山东人，来了六七年了。小团队中他是副手。丹尼喜欢美食，吃饭时还特意问先生怎么炖的排骨。吃完了又搬了一个小时，再问是放冰糖还是放白糖。看来边工作边琢磨了。哈萨克斯坦的兄弟说英文，很少说话。

饭后，凯文问我是否有茶，“我有个非分的要求，你有茶叶吗，能给泡杯茶吗？”茶叶还真有，喝什么茶呢？“铁观音就行。”嘿，还真没铁观音。泡了杯冻顶乌龙。丹尼也要一杯。一会儿，喝凉水的哈萨克斯坦兄弟也让丹尼传话要一杯。看来茶的魅力还是挺大的。

按照约定，装卸工要把东西都放在指定位置。等放妥当了，也快十点了，无论如何没有时间再安装家具。凯文和丹尼商量了价格，说好了明天来帮我们安装。临走时，大家互相道别。出门前，哈萨克斯坦兄弟开口对我们说了第一句话——他提醒我们，别忘了锁地下室的门。

徒步下山

我一路徒步下山。麻阴天儿，不晒，非常舒服。昂首挺胸快步前进，欣赏沿途居民家门前的花花草草。这些花草百看不厌。尤其是现在自己开始种花了，稍微懂些门道，边看边琢磨很多细节，比如品种、种的地方、造型、和周围花木的搭配等。这样看一路，还真是吸取了不少宝贵经验。

路过两所学校，近距离观察了罢工老师。两周前，本省公立的中小学老师又开始罢工。前年来的时候，他们也闹罢工。这次是因为两年来政府不但没有改善对教育的投入，还变本加厉开始裁减老师人数。这次罢工声势更大，据说不解决问题老师们坚决不复课。

我家孩子上小学，没啥影响，大不了领回家自己看着，提前放暑假。家里人力资源丰富，早放两周暑假也无所谓。对双职工家庭而言，提前放假就比较讨厌。但影响最大的还是高中生，尤其是十一年级的学生。这边申请大学，除了省考，还要看十一年级的成绩。前年老师罢工时，就耽误了十一年级的成绩，影响了孩子们申请大学。今年教师工会注意到这个问题，十一年级的年考有些科目因为考得晚、赶上罢工而取消，但是成绩还是会给，可能是按照平时成绩吧。

家长们对罢工意见不同。有些支持，认为现任政府太不重视教育，一再压缩教育经费。本省招牌大学 UBC 因为经费被压缩已经有难以为继的倾向了。最近开始又裁减中小学老师，将学校图书管理员和特殊辅助的老师都要裁掉，还要将班内学生人数增加、减少班级——这样正常教课的老师也会被裁掉不少。因此这次教师罢工的口号是“为了孩子”，尽管工会提出的条件还有给老师增加薪水。

反对者就认为教师们太不知足，每年年薪最少都有五六万加元，工作又轻松，还有长长的暑假，怎么还嫌不够呢？而教师们的理由是本省的教师工资在全国最低，但本省的生活费在全国又最高。

反正就是各有各的道理。我没有做过具体的调研，也不好表态。路过教师摊点时，看到老师们朝路边过往的车辆挥手。有的车辆便鸣笛。——我认为是表达支持，但家人认为也许是表示反对呢。谁知道呢！这是个自由的国家，大家都有言论自由。

当然，自由也是有限度的。比如教师必须服从工会管理。这里的工会实行的是民主集中制。先让全体教师投票，表决是否要罢课。一旦多数人同意罢工，罢工就会生效，不同意的教师也坚决不能不执行。罢工，教师不是不上班，只是不进入学校上班，他们要不论风雨地在学校外示威。示威倒也不算太辛苦，有的老师带着椅子，走累了可以随时休息。即使挂着大牌子“示威”时，也是两三名教师围着学校走路聊天。

我继续前行，到市中心商场一带时，看到建筑工地的交通指挥员指挥交通——以便工地上的大型水泥车等安全进出工地。我的智商指数不大稳定，遇到这样的突发事件常常发懵，不知道该怎么过马路。本市十字路口常有行人可以按的红绿灯，行人按一下，很快就变灯——可能是这边车辆少吧，所以才有这样的设置。我看了看十字路口的灯柱用黑色塑料布围着，便打算直接从眼前的小马路穿过去。走了没两步，就被交通指挥员劝回来了。她说："你要干什么？不能直接过马路啊，有车辆啊。你要先按了那个灯才行。"我说那个按钮被塑料布包住了。她走到灯柱前帮我按了，说没有包。我一看，果然，在灯柱的另一面，按钮处的塑料布被撕开了。唉，真是难为情。

后面的两公里路上，我遇到十字路口就找灯柱。结果在一个特别特别小的路口，当我像狗狗一样围着灯柱歪着头转了一圈还是没看到按钮时，抬头却看到一辆车安静地停在路口等我过马路呢。司机好奇地看着我，他肯定奇怪这个人在干吗。唉，原来这个路口没有红绿灯，有"STOP"牌。凡是立着"STOP"牌的，就是辅路，要让另外一条路的主路优先过，如同国内的"让"牌。此刻司机就是停在 STOP 牌下面，正在等我这个主路上的行人过马路呢。看来对我们这个小城的交通灯还有待于了解更多！

下山的终点是银行，去交两张劳动所得的支票。和当今的国内一样，这边用现金也用得少，主要刷信用卡和支票交易。和国内对支票的诸多规定不同，这边的支票“毫无架子”，不仅可以被随便折叠，还能适当修改呢。要交的两张支票中的一张日期被开票人写错了，年份写成了去年的。当时发现写错了，开票人也没有带多余的支票，就在这张支票上修改并简签了名字。交的时候竟然毫无波澜，柜员问都没问就收了。

交完支票，和柜员匆匆告别，急急撤退。下山容易上山难，一路溜达下来的，还要原路走上去——几公里漫长的上山之路在等着我呢！

看病认真，治疗稀松

加拿大是全民医疗保险——每个人有医疗卡——如果是低收入家庭，医疗卡是免费的，而不属于低收入家庭的，每个月缴纳一定数量的钱，像三口之家每年大约交 1800 加元（2018 年始也不用交钱了）。

理论上每个人都应该有自己的家庭医生，平时有小病预约去看家庭医生。没有家庭医生的或家庭医生预约困难的，有 walk in 诊所，还有医院急诊室。医疗卡承担所有的看病、检查的费用，药费自理——家庭医生有时候会给点儿药，但不常发生。

目前我还没找到家庭医生给药的规律。我们的家庭医生给过我一小瓶钙片，给过孩子一点儿退烧药，邻居曾领过孩子的治疗腹泻的药，还有一个邻居的孩子得到过治疗过敏的药。看病的流程一般是和家庭医生预约、去看病、家庭医生开药或者开出后续检查。检查一般要去专门的检查中心或找专科医生和医院。开药后拿大夫的药方去药店买药。

两周前孩子“贵体欠安”——臀部长了一个小脓疮。周一早晨打电话给家庭医生约时间，接待员说只有周三下午才能安排。脓疮又红又肿，孩子很不舒服，我们也担心感染，便直接去 walk in 诊所。walk in 诊所往往是家庭医生兼开的。

我们去了第一家，说下午才能排上。去了第二家，说要等一个半小时。我又和他们要了周围的 walk in 诊所的名录，一个个打电话过去问。打到第四家时，对方说他们今天不算忙，等半个小时即可。我们便马上前去。离得也不远，开车十五分钟。

孩子盼望着大夫一看就能马上解除他的不舒服。可到了诊所才意识到，孩子的这点“小痛苦”真不算什么。我们后面又来了位先生，和接待员谈笑风生的，坐下来时我才发现，他的左手掌有条明显的伤口，血止住了，等着后期处理——可能是刚刚受伤就来了诊所。他肯定也很疼，有点儿坐立不安，但也没办法，大家都要依次排队。

大夫是位中东裔的先生，听说臀部生疮，马上严肃地问我是不是孩子的母亲。加拿大对于小孩子的个人安全非常重视。去年我们去市政府做志愿者的无犯罪检查时，我填个表就算了，先生被要求打十指指纹检查犯罪记录。打指纹时，警察还抱歉地说，请理解，都是为了孩子们的安全。即便如此，我们如果想直接参加学校的接送类的志愿活动，仍需要再向学校单独提交无犯罪证明。市政府办的志愿者培训中说，志愿者辅助学校或社团工作时，最好不要单独和一个小孩留在屋子里，更不许触碰孩子身体。据说游泳教练教游泳时都不能托着孩子身体，如果一定要施外力帮助孩子，只能拽着孩子泳衣的肩部。所以我也理解这位中东医生的严肃。

孩子趴在诊疗床上，医生让孩子自己拉下裤子后，走过来看了一眼，旋即转身离开，好像生怕多看一眼似的。那个撤离的速度之快让我怀疑他根本就没看清什么。不过他还是看清了。他说这个疮等它自己破了就好了，让我每天给患部多次热敷，开了消炎药。

诊所旁边就有个药店，我去交了处方，工作人员说等十分钟再来。这边的消炎药不是成品包装，而是药店配给剂量。去年先生咳嗽时买过一次药，也是分装出来，隔日去取的。十分钟后，药配好了，十天剂量的消炎药花了四十多加元。交钱后，工作人员把药拿去兑了纯净水，然后才正式交给我。还给了一个小药勺，叮嘱每天两次，每次喝 7ml，放冰箱，十天后如果喝不完就扔掉。

回家热敷。晚上疮居然破了，流了些血和脓。坏了，我才想起来，今天的大夫没说破了该怎么办。孩子小时候也生过一次小疮，是去医院手术后引流，等脓彻底干净了，再让伤口愈合。这次要引流吗？

我通过 QQ 请示母亲大人。母亲大人本来是内科大夫，退休前做了几年全科，所以对外科伤口也不陌生。母亲大人指示伤口引流，几番说明后看我还不得要领，非常着急，大有顺着光纤亲自过来动手的架势。我赶紧表态说：“听懂了，马上执行。”

我和先生传达引流指示。他也急了，下不来手啊。想着大学时也做过病理切片，解剖过兔子和青蛙，我一横心对先生说：“你去拿来咱们大学做昆虫解剖的那把小剪刀，我来动手！”孩子一听不干了。本来趴在沙发上哼哼唧唧呢，一听说我要动手，噌地就翻过身来，大喊不要。先生更心软了，说：“要不还是去看医生吧，自己动手万一消毒不彻底感染了呢？”其实我不仅是草民一枚，更是草包一个，嘴上说动手，心里也在打鼓。听先生给了合理的理由，马上顺坡下驴地同意了。然后冠冕堂皇地回复母亲大人，说为了避免感染，明天去 walk in 或者家庭医生那里引流。

接着我又给医院的急诊室打电话，想问问能否去做个引流。但是电话是医院的接待室接的，对方说如果要打急诊室，请拨 911。我想了想还是没拨。为这么个小疮打 911 怎么都有点儿小题大做，我一紧张再说不清楚，招来救护车也不是没可能的。

次日九点，再打电话给家庭医生。这次接待员可能是因为听说孩子的疮已经破了，马上安排了当天下午接诊。她嘱咐我们早点去，可能要等机会插空。两点前，我们到了医生那里，正巧一个病人都没有，接待员立刻领我们进诊室。几分钟后，医生带着太太小孩吃饭回来，边穿白大褂边往诊室里走。

医生是华裔，会说广东话，能听懂普通话，但还是说英语。让陈述病情，我让孩子自己说的。孩子说得详细清晰。大夫听完后还是先看伤口。一看到伤口破了，他很高兴地说，破了就好了。然后拿出一支试管样的东西，我以为是针管，也许他要抽脓液？孩子很机警，马上翻身起来拒绝，他怕打针。大夫再三解释，孩子都不听，英语中文跟着乱喊，大夫情急之下说出了中文“棉花签”三个字，孩子才放心。原来是采脓液样去化验。

大夫说，看了昨天医生的诊断和病历——他们都是随时录入电脑上传到网络——他认为没什么问题，昨天伤口没破，所以只能开广谱的抗菌素，今天要化验一下脓液的细菌种类，看抗菌素是否有效。如果没问题，他们就不联系我了，有问题再说。对于昨天的大夫建议热敷，他其实不大同意，不过医生之间好像很维护彼此的荣誉，他委婉地说，热敷不错，不过如能多次用淋浴喷头冲洗伤口可能更好。如果我喜欢热敷，就别用太烫的水。说完他就拿着装着棉花签的试管离开了诊室。

孩子问我接着要做什么。我也不知道啊，追出去问：我们的检查就完了？他说是啊，没问题，挺好的，伤口也破了。我说那不用切开引流吗？他说不用，慢慢地脓液渗出就好了。

前后不到十分钟，我们已经站在外面的街道上了。孩子特别高兴，又躲过了一刀。我和先生说了结果，先生也觉得有点儿意外。不过既然两个大夫都不给切伤口，那就按照这边的方法治疗吧。我父亲在美国看过医生，总结说：这边的医生检查得很认真，就是不给治疗。虽然有点儿夸张，不过也算真实。像孩子这个疮，在国内肯定要开刀、引流、敷药，说不定还要输液。但在这里，就这样算了。

后续的几天内，我们每天给孩子做两次热敷，贴个创可贴，配合早晚各一次的消炎药。不到一周，脓液干净了，伤口也逐渐愈合。这次生病也算正式结束了。

去加拿大医院的感受不错啊

家里出现了一位患者（由于他年龄渐长，现在不愿意被我在文章中公布身份，要求保护隐私，故我将他称作“患者”）。患者的病症不严重，是身体某部位发了一个脓包，以前也长过三次。第一次患病时尚在国内，去医院切开、引流；搬家到加拿大之后两次复发都是脓包破了、伤口长好就行了。这次眼看脓包要破，我们也计划和以前一样，去开点儿药回来吃。可是没想到，竟然被大夫指导到医院去了。

早晨10点，我给家庭医生打电话约时间，却碰了壁，家庭医生已经去休假了。他有三个孩子，遇到假期常常歇班。10:06，我们到了家附近的一个walk in诊所。进了诊所，前台正给里面已经有的几位就诊者的孩子发糖呢。发完糖，帮我们登记基本信息，便带我们进入诊室。医生进来，看了眼患处，马上说，要去医院的急诊室，让他们切开就好。我不甘心，问是否可以等脓包破了。他说，那样容易感染，切开是最好的方法。我问他这个单词应该怎么说，他说没关系，让我告诉他们：什么地方有个something。可能看我有些失望，他再次对没办法解决问题而道歉。

医院离得很近，GPS指示是1.8千米，可我还从来没去过呢。进了医院候诊室，看到三个窗口，颇感茫然。离我近的一位老人指着第一个窗口说在那里登记。护士和蔼可亲，一听说哪儿有个something，她也貌似懂了。登记完了，让我们在候诊区的椅子上坐着听喊名字。我坐定一看表，是10:25。

候诊区里已经有四位患者，我们是第五位。我们之后，又来了一个小男孩，头上包着绷带，可能是来复诊的。陆续又进来两拨救护车送来的，第一个病人是走进来的，可能不严重；第二个是绑在担架床上被推进来的，好像不能说话，还有知觉，救护车跟来的护士给他测量时可能碰着他了，他啊啊两声，护士跟着一串的sorry。

第二个窗口喊我们过去，又核实了一遍身份，给患者测了血压和体温。然后，我们再被第三个窗口喊过去，还是差不多同样的问题，额外多加了的问题是我们在这里住了多久。10:40，手续都办完了，接下来就是等待了。

以前看过一些故事，都是讲在加拿大医院的急诊室等待得如何久，我们也不知道要等多久，但看到隔十来分钟，就有个护士出来喊走一位患者，感觉希望不渺茫。眼看着我们前面的患者一位位都被喊走了，希望越来越大。后面来的两个救护车患者比较优先，那个推着进来的没多久就不知道被推哪里去了，走着进来的是在我们之前被喊的。头上包绷带的男孩也在我们前面被喊走。

终于轮到了我们，我们跟着护士往里面走几米，就到了一个处置区，有两张病床。绷带男孩刚躺到床上，护士麻利地把床周围的围帘拉起来。我家的患者躺到另一张床上，围帘也被拉起来。病床墙上的表显示11：40。护士送来病服袍和一张毯子，让患者更衣。十分钟后，进来一位和蔼可亲的老大夫，很有圣诞老人的风度。他看了患处后，确认需要切开，为了减少患者疼痛，他说要准备“笑气”。又给患者解释，吸了笑气后，就感觉不到疼痛，但可能暂时会有点儿头晕。几分钟后，一位护士推着笑气进来，我问她笑气是否会影响大脑，她谨慎地说要问医生。

又过了一会儿，医生进来了，拿着简单的手术器具。患者问他，笑气是否会损害大脑，医生耐心地重复了一遍刚才的解释，肯定地说不会影响大脑。他先给患处局部注射了麻药，便切开、引流。切完后，我问他如何防止再次发生，他说也没有什么好办法，可以多用温水热敷。看看伤口，医生说不用吃药，连消炎药也没开。

护士留下来收拾，嘱咐了注意事项，拿了一些纱布送给我们；又低低地说，她认为以后一定要保持患部的清洁，最好每天热敷。护士的经验肯定没错，但这可能不属于她的职责，所以她声音那么低。我很为护士的热心感动。

患者感觉有点儿头晕，多躺了几分钟才下床更衣。12：15，我们已经开车往家走了。

先生全程陪送。在诊所看病时，他在旁边的超市买了几样菜。

在医院急诊室处理时，他在车里等着了，免得进来挤占空间。听我描述了大概情节后，他也认为这次医疗过程很顺利。患者第一次长脓包时，我们去过北京的儿童医院。在医院排队等候和处理也要一个多小时，加上路上来回的两个小时，不比这次时间短，还需要自己付费。而且北京医院的排队盛况不堪回首，去过的都知道。

总体而言，在加拿大几年来，数次的就医经历没有什么不愉快，也未感到有什么不足。相反，我们的体会是医务工作者说话礼貌耐心、检查周到，还不用付费。

之所以这样满意，可能也和我们在国内的社会地位有关吧——“北漂”很多年，属于基础人群，没有医院的关系，看病要老老实实地排队挂号。来了加拿大后，没有感觉到找不到关系的心理落差，不担心没有托人就看不好病，体会到的是平等的踏实。

售货员帮我省了 4000 块！

真是屋漏偏逢连夜雨，我忙得脚打后脑勺了，家里的冰箱突然寿终正寝。

冰箱是建屋时安装的，房子是 1995 年盖好的，按说日夜无休工作了 23 年，冰箱也该退役了。我们搬家过来之后，电器几乎都换了一遍，冰箱是最后一件。洗衣机、干衣机、洗碗机、炉灶、烤箱都是觉得该换了，赶上大折扣顺便换的。换微波炉的时候没有那么巧，不过微波炉本身也没多少钱。这个冰箱坏得就不是时候了。再过两三周，加拿大国庆日折扣就要开始了。可是，一冰箱东西似乎没有这个折扣意识，眼瞅着消的消、化的化。没办法，只能赶紧搬台新的回来。

之前的那些电器都是从一家大型百货公司买的。然而，那家公司竟然于去年结束了实体店销售，专营网上购物。北美的网购没法和中国比，人力紧缺导致配送费高且配送速度慢，真是不知道这些北美网购的店家和客户是怎么想的。大概他们都没有享受过中国的快递服务，所以没有比较就没有伤害吧。至少我这个某宝资深用户是不到万不得已，坚决不在这里网购。不过话说回来，人家也不在乎我是否网购，生意还是如火如荼。而我呢，眼下最要紧的是找一家卖电器的实体商店。

我们都不喜欢逛店，先生更甚。然而在冰箱的问题面前，他只有面对现实。幸运的是，在第一家店里我们就买到了想要的冰箱，还在售货员的帮助下，节约了 800 加元（折合人民币 4000 元）。

进店后，我们直奔冰箱区。每台冰箱样机上都贴着包括尺寸、耗电量等详细的信息。经过一番比较，我们选定了一台各方面都满意的冰箱，可是它的门上有个既像控制板又像给冰水装置的东西让人看不懂。只能找来售货员问问。

路过的其他区域的工作人员帮我们呼叫冰箱区售货员，立马来了位高大威猛的大姐。大姐的英语又快又“英国”，这真是练习听力的好机会。秉承雅思听力的训练技巧，每当遇到这种连篇听不懂的情况，我就只专注于捕捉关键词。大姐连说带比划了半天，我明白了，那个装置既是控制面板又能给冰水。

我说：“我们不需要给冰水的，用控制面板就好了。如果不用给冰水，应该也不会影响冰箱其他功能吧？”大姐一听跟着摇头：“那就不一定选这台啊。为什么要为不需要的功能额外付钱呢？如果你们喜欢这个牌子，可以看看另外这台。”说着就往另一边走，我们只好跟过去。

另外那台没有给冰水的功能，可是价格要贵 600 加元。大姐也发现了这个问题，她说："这个价格是贵了些。"她指着冰箱上贴着的两个色样说，"现在这个价格是深灰色的，这个颜色流行，所以贵。我去查查浅灰色的价格。"她抄了货号去查价格。一会儿回来后，告诉我们浅灰色的价格便宜200加元。即便这样，还是比那个带冰水装置的贵400加元。大姐又嘟噜了一串话，大致意思是，他们公司有个比价政策，如果其他公司卖的同款产品比他们的低，他们可以按照最低价来卖或者退差价。政策是好政策，但是意味着我们要去其他几家公司都看完了才行啊。

我和先生商量，先生也嫌去比价麻烦，还不如就选那个有冰水功能的，就算花点冤枉钱，也好过再到另外几家店去转悠。

还没商量完呢，大姐又回来了，喜气洋洋地嘟噜了更长一串话。看我一脸茫然，她递过写了新价格的便签。新价格居然又低了500加元。我一下子理解了大姐刚才嘟噜的是啥——她去其他公司网上查了这款冰箱，找到了最低价，于是她就能申请将价格降下来。除此之外，她还找到一种折扣，又优惠100元，这样总价就比最早的标价低了800加元！

这款冰箱比我们的旧冰箱厚了三四厘米，可是在800加元的诱惑下，三四厘米又算得了什么呢？先生英语不好，数学却不赖，看了大姐的便签，马上理解，欣然同意。

电力部门为了鼓励大家使用节能电器，常年为购买节能电器的顾客返款。当年买洗衣机和烘干机时，我们就收到过他们寄来的

200加元支票。现在给的返款少了，一台电器给25加元。我问大姐，这款冰箱是否属于节能电器。大姐认真地查了记录后，确认属于，还说他们公司也会给同样的25加元返款。

接下来，我们坐在大姐的电脑前交款办手续，继续听她嘟噜着各种送货注意事项。总结起来无非是要事先拔掉旧冰箱的插头，送货员不负责拔插头，只负责插新冰箱的插头；如果在搬运新冰箱时有了剐蹭，可以拒收，或者在48小时内打客服电话。

在互相致谢中，我们买完了冰箱。美中不足是，新冰箱还是不能马上进家——最快的送货时间是五天以后。不过这个倒不意外，先前买的所有电器都不能马上到手，除了微波炉是我们购买之后自己马上搬回来的，其他都是送货或者邮寄来的（电视机和打印机）。况且，在800加元的优惠下，等待的不适也得到了一定程度的安抚。

资本主义的桥也不是好过的

有一次，我周六带孩子去参加他同学的生日会，地点在我们南边的隔壁城市。大温地区有二十几个城市，规模都不大——一般的城市规模远不如北京一个区大。这次办生日会的城市我们只去过一次，还是首登选安家地址时走马观花地看过。去之前我看了地图，顺便安排了生日会后去我的高中同学家做客。我的同学家在孩子同学家隔壁城市。这三个城市算一个三角形吧，两条边都要过一座收费大桥。

也是我查地图不认真，知道是收费大桥，也没详细查查收多少钱、怎么个收法——自从搬家来此后，鉴于语言熟悉度的原因，家里这类资讯查询都由我负责。

开车去参加生日会时一路顺利。孩子参加活动了，我们俩打算趁着两个小时的时间去买菜和各种日杂。我们平时虽然在家办公，但觉得很忙，想尽量利用各种边角时间买菜、打酱油。用 GPS 一搜，那个城市有我们常去的连锁店。谁知开车时不慎，又上了来的时候必须过的那个收费桥。上了桥就没退路，只能开到另一端再转回来。

晚上从同学家回来，我们走了另一座收费桥。这座收费桥是私营公司的，我已经领教过了。当初大桥刚开通时，大张旗鼓地号召人们注册。我们没有注册。走过一次，于一个月后收到账单，要付十块多钱。上了他们的网站一看，对于小车用户，注册过的过桥费是 3 块，他们会发电子账单或者自动按照注册的信用卡扣款。没有注册过的用户，如果你自己主动上网查过之后付费，是 6 块多。像我们这样等着收纸质账单的，就是 10 块多了。

有了这个经验，周一早晨我就查了这座私营公司的网站，却没看到记录。当时我还侥幸地想，也许周末不收钱？后来看到电子账单，显示是 3 块。我高兴地和先生说，只有 3 块钱的过桥费。先生问多少钱一次。我们显然走了两座桥，共四次。3 块钱也太便宜了吧？

上网一查，发现还真有问题——第一座桥 2009 年通车，是大温地区二十世纪六十年代停止路桥收费后重新开始收费的首例。没有建设这座桥前，从我们这里去办生日会的城市要用渡轮运送车过河。这座桥属于本地运输联合公司。

为了避免发生被寄来账单罚款的情况，我赶紧去注册。注册时显示，因为注册的车牌已经走过这座桥，系统已经自动生成账号，需要打电话给公司查询。

我特别喜欢打这类客服电话——练习口语的好机会啊！打电话

过去，客服说系统显示车主是先生的名字，因此要和他核对基本信息。这也是这边的一个规矩——绝对要和本人通话。比如昨天陪先生去更新驾照时，我一直做翻译，问到家庭地址是否变化时，我顺口回答没有，工作人员立刻很严肃地说："要本人回答。你可以做翻译，但是不能代替回答。"接线员和先生核实基本信息后，问："你介意将电话转给你妻子说吗？"我才得以接着完成后续的注册工作。接线员帮我也注册成共同用户，这样以后我才能直接和他们联系。

都注册完了，一问过桥费——三次 12 块。我收到的 3 块的电子账单是从同学家回来走了一次的第二座桥的。

算下来，周六这趟出行，过桥费就 16 块，合人民币近一百块了。而路途往返也就五十公里吧。庆幸当时没有把家安在那两座城市，否则进出的过桥费也挺可观的。也庆幸我们附近只有这两处收费路段。真是资本主义的桥也不是好过的啊。

注：2017 年，BC 省的路桥收费停止，这两座桥也不收费了（原来貌似也只有这两座桥收费）。

参差不齐的皇家童子军阅兵方阵

学年要结束了，各种俱乐部、课外活动都开始了汇报演出、吃散伙饭，皇家童子军（Cadet）也不例外。

皇家童子军满 12 岁才可以加入，超过 18 岁则必须离开。这个活动创立于 19 世纪中期，据说是受到美国南北战争的威胁而兴起。加拿大人少，又没有像以色列、韩国、美国那样实行义务兵制度，遇到战争还真是为难。当时成立的少年军的前身——演练协会招收 12—60 岁的男性，后来分成高中学员和民兵。再后来逐渐取消了民兵，只收学生，成了学生的一项课外活动。直到 1975 年，国会修改了相关法律，女生才能加入。

皇家童子军理论上不用缴纳任何费用，因为经费由政府赞助。但是现在政府赤字太严重，孩子们加入皇家童子军时也象征性地交些钱。不过与他们的待遇相比，可谓杯水车薪。

首先，他们的服装耐磨防水、保暖透气，符合军用标准，还是加拿大制造的。别小看“加拿大制造”这几个字。加拿大制造业不发达，但是很令本国人自豪。同样的东西，凡是加拿大造的，一定会贵一些，商家卖的时候也很自豪——虽然有点儿盲目，可是全国人民都深信本国货质量响当当。除衣服、帽子之外，还配一双沉重的真皮大头鞋。一套衣服的钱也比交的入会费多。更何况他们的活动特别多，隔两周就有一次大型活动，入场券、车马费、住宿费、伙食费等都不需要操心。午餐最差的是赛百味，还是整套的！午饭吃不完，连晚餐的量也够了。有时候孩子们帮忙收拾现场，还能领到多余的赛百味当“小费”。

可以说，迪迪参加的所有课外班中，皇家童子军是家长最省心、活动最丰富、待遇最好的，但也是要求最严的。每周三晚上 6:30 开始训练，要到 9:30 后才能回来。训练都是由成人教官带领。教官有的是义工，有的是拿时薪的。队员不许无故缺席，缺席要提前请假。生病、有事、作业多都算请假的正当理由。

一次，我提前几周就收到了年度阅兵活动通知，特别注明欢迎家长去参观。阅兵活动上午开始训练，家长中午入场。对于我们是否去，迪迪没有准主意，一会儿说欢迎，一会儿说不去也行。先生主张去：“你们的训练我去接你的时候见过两次，挺好玩儿的，让你妈妈去看看吧。”迪迪也同意了，说道：“妈妈，尽管您写作很忙，但是这样的活动参加一下也好，说不定能发现有新的故事可写呢。”于是，我就被派去看了看，而且真发现了不少可写的亮点。

阅兵活动开始后，先是由一位穿制服的负责人拿着几页纸“主持”，其实是照本宣科地读注意事项、流程及检阅官员的详细履历。

这份履历就让我觉得新鲜。检阅官员于 1996 年 15 岁时从韩国移民来，大学报考了军校，毕业后多种调动、进修，现在调回了温哥华。来这里阅兵算是“荣归故里”——他上大学之前就在我们这个城市生活。履历还说他和太太及六岁和两岁的两位美丽的女儿幸福地生活着。

一会儿，见到他太太带着两个小丫头来了，一起来的还有两位老人，可能是一方的父母。两个小丫头说不上美丽，不过挺乖的，全程没有哭闹。尤其是老大，完全可以像淑女一样端坐在椅子上看完。

随着鼓乐队的音乐，阅兵方阵一队队进入了。一看方阵，我乐了——队员高矮胖瘦参差不齐——从成员外形来说，无论鼓乐队还是方阵，既不分男女排队也不按高矮排队，更别说胖瘦了。乐队嘛，应该是按照队员的乐器种类排，还算说得过去。可是方阵的这个队列真是不讲究，毫无规律可循，看起来人头如山峦起伏。如果在国内，就算不挑选外表、允许所有人都参加，至少也会排个大小个儿和性别。

不过，别看高度此起彼伏，列队可是相当认真，举手投足都有模有样，尽管看起来有些太标准而显得滑稽。比如绕方阵“巡逻”的“士兵”一定一步一顿，双臂笔直，像木偶一般。还有仪仗队的指挥，一只手持剑，遇到鼓掌时，便用另一只手在侧面拍腿。看起来不威猛也不好看，真不懂为什么要这么设计动作。

虽然我看着滑稽，可是队员们执行得一丝不苟。尤其是鼓乐队，还真有些绝活亮相。鼓乐队有位迪迪的朋友米乐，他说除了平时的训练，他们每个周六上午都要练习三四个小时。梅花香自苦寒来，放之四海而皆准。

检阅官员更是认真，每个动作都十分到位，可见其训练有素，并不因为是在检阅孩子们而放松。更令我感动的是，下半场检阅实际工作时，检阅官员饶有兴趣地细致考察了各组，还不断提问。

迪迪所在的是海军童子军。平时他们的训练除了队列练习外，主要是了解各种水上和水下的知识、技能，以及了解加拿大海军。这些知识、技能包括射击、航海知识、划艇、打绳结、野外生存等。阅兵活动的下半场就是队员们分组，向来宾介绍其中的一项。几个摊位我都看了，也听了孩子们的讲解。他们的讲解经过了事先排练，讲得都很熟练，而且会分工合作，明显能看出来是小组成员分段背诵。这样的好处是组员们都有表现的机会。

可能我看得太走马观花了。我看了两遍，还和迪迪在场地里拍照，又和认识的家长聊了会儿闲天，还在看台上等了一会儿，下半场才算结束，过渡到最后的颁奖环节。而可敬的检阅官员是被一位教官以催请的姿态从最后一个摊点“押送”回来的。我由衷佩服检阅官员的耐心。这些检阅年年进行，孩子们的展示轻浅有限，他怎么能有那么大的热情去细致入微地视察、询问呢？

活动要结束时，还发生了一个“小花絮”。来之前，迪迪说：

“妈妈，最后是家长志愿者报名活动。我知道你很忙，不过你也可以参加一下。”当现场一位义工家长高举手臂向观众席号召“哪位家长可以来做义工？我们还有大量的义工位置需要人”时，我牙一咬心一横，率先走下了看台，走入了场地。跟着，几位家长也纷纷加入。家长义工每个月要开一次两个小时的会，遇到具体活动要分工出勤——几乎迪迪他们参加的每一次额外的活动，都需要义工支持。原来丰富的活动背后，是其他家长的付出啊！义工组织主席还鼓励大家：语言不是问题，行动最关键。

迪迪散场后见到我光荣加入组织，感到很诧异。我说：“来之前，你不是鼓励我参加吗？”他说，他的本意是让我看完了义工招募活动后再走，那样就能接上他一起回家了。回家后，他爹也悄悄和我说，他听到了迪迪和我说那句话，他的理解也和迪迪的解释一样。唉，看来是我想多了，被场地热烈的气氛冲昏了头脑。不过，说不定我加入了组织后，还能发现新的故事呢。生活就在于体验嘛。

这片肉是不是中国来的？

一天中午，我们结束了为期一个月的归国行程后，返回加拿大。出出进进温哥华机场好多次了，这次险遭滑铁卢。

一下飞机，我就感到“气场不对”——人多。从来没有在温哥华机场见过那么多人。排队出关就花了半个多小时，队伍蜿蜒，曲折连绵。对于本地人来说，温哥华出关完全是走过场，官员看看护照，两秒钟而已。能排这么长的队伍，充分说明人多。

排队的唯一好处是增加了观察的机会，我发现机场还是很尊老的。负责看护队伍的工作人员每每看到耄耋老人，就网开一面，打开排队的隔离绳放他们去某一神秘的不用排队的关口。我也看到两位年轻人说着急转飞机，工作人员放他们先出去了。可能是为了不让旁边的人感到心理失衡，还顺便放走了年轻人身后的几位旅客。

终于出关时，我安慰同行的儿子说，现在排队也好，省得取行李时等候——事实证明我这个想法真是很傻很天真。登机时去得早，办理的又是自助值机，我们很快办完了手续，在候机室坐了近三个小时。这样做的好处是几乎没有排队，坏处是行李被装到了最里面，结果就是等行李要等一个小时。

俗话说夜长梦多，一点儿都没错。儿子主动帮助周围的几位叔叔、哥哥搬了若干次行李，刚坐在行李车上，就来了一位巡逻的警察。警察叔叔不高大，长着明亮的大眼睛，看起来颇为友好。

他先是笑眯眯地问我们在干什么，我们说等行李。这句显然是投石问路的废话——推着行李车在传送带旁，还能干吗呢。他又问我们从哪里来，干什么去了。儿子说回北京了，探望亲友。接着他问托运了几件行李。我说五件。他又问，带了食物吗。临下飞机前，我把飞机上发的没吃的三明治和面包带下来装在儿子的随身包里。包就放在手推车上。我说“带了”。他问带的什么，我就拉开随身包给他看。

这一看，看出问题了。他微笑着说，三明治里有肉，可为什么我们的申报单上写着没有肉类带入。而且，他又看到了配面包的小盒子的黄油。补充说，竟然还有黄油，这是奶制品，我们的申报单上同样没有说明。为了坐实我的瞒报，警官先生接着说，“你们填写的申报单是中文版（申报单有多语种版本），难道中文也没有读明白吗？”

我解释说，读明白了，只是没有往那方面想。没有想到飞机上提供的食物也算“带来的”。三明治在飞机上没有吃，不想浪费食物，也怕下了飞机饿（10 个小时的航程我们只吃了一顿饭），所以就带下来了。警察不听解释，只强调说：“这片肉是从中国来的，对吧？”这话真是让我无言以对——眼见三明治包装上写的是“北京某食品加工厂出品”的中文字。

因为我深知不能带肉回来，假期回去时几位亲友送的牛肉干都是就地解决，解决不了的临走时送了邻居。可是，万万没想到飞机三明治里埋伏着的薄薄的一片肉也是肉，而且是“从中国来的”！我只能说抱歉了，再多的解释也掩盖不了三明治里肉的出处啊！

警察又问起为什么托运了五件行李（每人可以免费托运两件）。我说本来是两个人托运四件，但是飞机说满员了，建议大家把手提行李也托运。为了支持航空公司工作，我特意把一件手提行李中的瓷器拿出来，将行李托运了。警察听完没有找到什么毛病。

接着他问我带了多少现金，说告诉他数字即可，不必拿出来给他看。不拿也得拿啊，我自己也不知道还有多少钱。现在我回国都不怎么花现金，钱包里的现金还是几年前放进去的。打开钱包看了看，大概有三千元人民币。警察侧目扫视了一下，没说什么。

他问行李里还有什么。我能想到的就是衣服和书，还有一套茶具。这个答案也被平静地接受了。然后警察退后两步，打电话给上级。上级就在附近，溜达过来和他说了几句。我没有细听他们说什么，只是在他们交谈结束时，听到警察先生说，他必须把任何情况都及时报告。看来问题不严重，再回复我时，警察先生恢复了最初温和的面容，让我取了行李之后去农业办公室把违禁食物上缴。说完了，用红笔在我们的入境单上重重标识，然后才放心离去。临走前指给我看农业办公室在哪里。其实他不指我也知道。

唉，要不怎么说存在“吸引力法则”呢。我们出关到行李传输带时正好经过这个办公室。路过时，看到有位男士在那里开箱翻检，我心里还一动，想起来之前听过的两个上缴食物的故事。一个是某次飞机上的邻座说，曾经给他太太带内蒙古产的奶粉，他主动填报了乳制品申报，结果还是遭到罚没，并上了黑名单，连续两年入境都要被检查行李。另一个是一位朋友去新西兰探亲，由于把飞机上的食物带下去而被罚款 200 新币，理由是新西兰是岛国，生态环境基本和外界隔绝，严禁未经检疫的外来食物入内。没想到现在我自己也要为了飞机上的食物去走一遭了。

上缴食物倒是非常顺利。办公室里坐着一位年轻的官员，听说我要上缴飞机上的食物，什么都没问。她把三明治拿出来就说可以了。我提醒她还有黄油，她才注意到。没有一句批评建议，咔的一声在我们的入境单上盖了章，结束了“收缴工作”。

痛定思痛，等着孩子买午餐时，我随手在读者群发了三明治中“肉片是从中国来的”这件事，以提醒大家注意。读友们秒回的答案把我逗乐了。有的说，加航的飞机上的食物应该是安全的。（我们坐的就是加航的飞机。）有的说，下次不要在温哥华入境。（真没有其他地方入境。）还有的建议，被发现时，应该当着警察的面把三明治立刻吃掉，消灭证据——这个太悬了，会不会被认为蔑视警察？万一再激怒警察，那可真成了“一片肉引发的惨案”了。

我担心在女厕所遇到男性

朋友和我音频聊天。在我长期不懈的鼓励下，她终于打算移民了，但是她听说加拿大歧视华人，想求证一下。

我说，我真没觉得。她说我包庇婆家。——有一次她问我一个人怎么能爱两个国家，我说你结婚后，不是可以又爱娘家又爱婆家吗。从那以后，加拿大就成了我的婆家。

我说我真没包庇。来了好几年了，还真没遇到什么被歧视的事儿。

我先生的英语是从零开始学的，我的英语读写听都凑合，就是说不好，几年来倒也没耽误什么。外出办事，不会的也能问清楚。当然，我们打交道的也不只是本地人和华裔，还有印度裔、伊朗裔、韩国裔，以及很多分辨不出来源国的人士，大家都很礼貌。如果说我切身的感受，哪里来的人都有热心的，也都有不爱说话的；哪里来的都有“好人”，也都有不怎么样的。和在国内一样，不能说哪个省的人骗子多，哪个省的人都是雷锋吧？

有一次在 downtown 办事，过马路时我着急，没看到左转灯亮，是旁边站着的一个西方人喊我，我才意识到停下来，否则就被左转的车撞上了。从小我没学过游泳。移民后，在社区的泳池开始自学。一位来自斐济的老先生主动指点我。在连猜带比划的交流下，我还是掌握了他说的几个要点。小区里有一位黑人邻居，每次见面都热情地问候我。一年七月一日我在树篱上挂国旗，他还跑过来欣赏、评论一番。有一次我先生回家，下车时他正遛狗路过，他和我先生聊了好几分钟，夸奖我们家外面摆着的花漂亮。

我在孩子学校门口做义工执勤时，每天早晨遇到的老师和绝大多数家长都主动和我问好。有一次，一位华人阿姨领着孙女路过，阿姨问好后，孙女用中文说："姥姥，她不是我们老师，不用问好。"以后那位阿姨经过的时候，真的没有再问好。我还曾遇到一位西方太太，大声和她孩子说，过马路时不要看我的指示牌，因为她不信任我这样没有经过培训的指挥员（我确实没有上过指挥交通的职业培训），让孩子等着她的指示。我失望于华人阿姨没有教导她的外孙女不要那么"势利""实用"，应该学会感谢为你服务的人；我也惊诧于那位西方太太直率到粗鲁的表达，但这些都不是歧视，只是家教、个人修养的体现。

朋友又问："你就没感觉到他们和你说话的态度不同吗？脸色就一点儿都没有变化吗？"

这一点还是有体会的，大致分为两种情形。一种是在商店里，年轻店员说的英语又快又口语化，我不能完全理解，当我蹦着简单的词汇去试图搞清意思时，他们的表情往往没有那么热情了，也不再继续和我东拉西扯地聊天，而是就事论事地回答提问。这应该算是正常反应吧，当我们发现对方听不懂自己说话的时候，都很少会想继续聊下去。

另一种情形是，我遇到很多华人说英语时都很礼貌，可是切换为中文后马上疾言厉色。有一次我带孩子去科技馆，赶上人多，排了长龙。管理人员用英语请排队的孩子们不要挤靠隔离的拉绳，我清楚地听到她在不停地说“please”“thanks”，等她说到我们这里时，大概是听我们说中文，她也改成中文，音量马上增大，语气不耐烦，“别靠、别碰、不许拉”之类的祈使句就摔过来了。这应该是中文的语境造成的习惯，她说中文时很少说“请”“谢谢”，所以当她改口说回中文时自然就忽略了“请”“谢谢”。

和此情形类似的是，我见过大陆同胞讨论在餐馆中被粤语侍者歧视的文章。大致是说，他去了一家港式餐厅，讲粤语的服务大妈见到他冷若冰霜，但是对说粤语的客人接待得就很周到。文章下面有很多跟帖的讨论，各抒己见。有一条比较中肯的评论，大意是，那些服务大妈们其实没有什么歧视不歧视的想法，无非是见到老客人或者听到乡音感到亲切些，也是人之常情。

分析到这里，朋友还是比较赞同的。我又接着鼓励她。

我“北漂”了十多年，刚去时，在南城胡同的大杂院里住了两年。头一个月，大杂院的邻居们真不友好，站在我的小北屋的窗外声音洪亮地讽刺、挖苦我。那时我年轻啊，二十出头，很受不了这些，难免有点儿生气和自卑，但俺爹说了，做人做事不卑不亢，言谈举止大大方方，在哪里都要这样，谁爱说让谁说去，不要怕，权当耳旁风，更不要自己先心存畏惧。后来我和邻居们慢慢熟悉了，还处得挺好。有一次我问其中一个和我年龄相仿的女孩，干吗我刚来时，她那样对待我，我并没招惹她。她说："我们又不认识你，说你两句还不是正常吗。"她初中没毕业就去秀水街练摊儿了，历来的生长环境大概都是这样，"欺生"是她的社交圈子的常态。

有些人欣赏多元文化，有些人受不了别人和自己不同。大学一年级元旦包饺子时，我们班的两位同学就吵起来了。他俩是同省不同县的，他们包的饺子形状不同，两人都认为自己的饺子形状是本省的代表，由此发生争执。他们的争执在我看来匪夷所思。从小在少数民族地区长大，那里的汉族人士都是从各省迁移过去的，严格地说，在我的故乡，我就没见过两个汉族家庭过年节的习俗是完全一样的。在加拿大也一样吧，人性在哪里都差不多。所以在加拿大遇到不喜欢移民的本地人，也不是不能理解。

她翻看我的朋友圈，看到几个月前，我"不远万里"地去列治文参加抗议歧视华人的活动，质疑我刚才的回复。问我为啥一面说没有遇到歧视，一面去参加这样的抗议，这不是自相矛盾吗。

我说，没遇到过歧视，并不代表歧视不存在。歧视肯定有，只是多少、尺度的问题。没有遇到，说明歧视的程度不严重。就像身体中的癌细胞，正常人体内也有。再比如，在国内，也不能要求所有的人都喜欢我们。单位同事中或周围的人里，肯定有人对我们心怀不满，只要他们不公然表现就可以了。一旦他们有表现的苗头，那我们应该积极应对。排华势力也一样。即使只有一个人排华，只要存在，只要他们公开表态，我们就要公开回应。所以华人要参政，在政府中要有能代表自己的声音。

我说得激昂，她听得满意。结果我头脑一热就说多了。我说，其实我不担心歧视，我现在担心的是在女洗手间里遇到男性、在女更衣室里看到一个光溜溜的大老爷们儿。她一听乐了："那怎么可能？那不成臭流氓了嘛！报警啊！"我说这里正在通过"同厕法案"，通过后，男人只要内心觉得自己是女人，就可以去女卫生间、女更衣室。反之亦然。"什么？还有这事儿？神经病啊！这事儿还能立法？你干吗不早说？你家的是儿子你不担心，我家的是女儿呢！那你还鼓励我移民，这不是害我嘛！得了，你忙吧，不打扰你了。"她主动结束了音频。

唉，天地良心，先前我鼓励她移民时，这个法案不是还没有嘛。我这真是比窦娥还冤！

“同厕法案”真的不是我编的

加拿大要实行“男女同厕法案（C-16）”了。我写了相关文章，并发到自己的朋友圈。“一石激起千层浪”，引发了各种反响，颇具喜感。

首先，评论超多，各怀心思。

国内的亲友评论分两类，“幸灾乐祸”和“隔岸观火”。前者是感叹，唉，看看你们闹着移民，现在好了吧，竟有这样奇葩的遭遇，不行就考虑回来吧。后者是打趣，哎呀妈呀，你们还有这种艳遇呢？！如果遇到了，你是不是可以多看看？更有甚者，鼓励我也可以在内心把自己当作男性，勇于出击、主动观摩。

坦率地讲，我真的进过一次男卫生间，那是因为太粗心，错把卫生间外面的裤子标志看成裙子了。幸好当时里面没有人。看了美国实行的中性卫生间的标志——裙子去掉一半的，我更担心将来老眼昏花，是否能准确地选择卫生间了。不过如果那时大家都随便进，可能也无所谓对错了。

加拿大亲友的评论只有一种——亲，这是你想象的吧？！

真是令我欲哭无泪。好像本地亲友都不知道这个法案。（惭愧地说，我也是才知道不久。）该法案已经于2017年11月18日通过了众议院三读，于2018年3月27日递交参议院审核。参议院审核通过后，加拿大总督盖章，就是加拿大的法律了！立法的初衷是好的，但具体执行时就会出现这类令广大群众匪夷所思的现象——男人认为自己是女人就可以进入女洗手间、女更衣室，反之亦然。——如果我真的有这样的想象力，那我也许能改行专门写小说了。

拙文发布后的第二大反应是引出了一些亲友的私信。

平时发文后，很多亲友都是潜水状态。这篇转发后，潜水的冒泡了。私信我的都是本地的，除两位说得不一样，其他的主题雷同——还是认为不可思议，这是我想象的。我也很认真负责地又把C-16的立法进程回复给他们，强调不是我想象、臆造、编制的，是真的！接下来的对话就更有趣了。

接下来的对话大致分为三类。第一类是谴责、愤怒、出离愤怒，说这个法律根本是瞎胡闹，然后表示，以后出行需要裹着尿不湿，尽量避免使用公共洗手间。我称之为“避免麻烦型”。第二类在谴责、愤怒后，诅咒这种法律不能推行下去，因为大家肯定都要抗议。我的回复是，一旦立法，民众只能接受。对方的回复几乎都是“马上转发你的文章”。转发文章固然不错，可是不能解决根本问题。这类算“等待解决型”。第三类比较积极，讨论如何避免立法成功。这类算“主动应对型”。我对加拿大的立法程序也很不熟悉，不过两个与众不同的私信之一说，他曾经在国会工作过，根据他的经验，除非奇迹发生，否则三读后立法不可能不成功。

看来无论哪种反对 C-16 的群众，都只能悲愤地等待两年或者更长，等到有朝一日一位反对 C-16 的总理上台，将其废除。区别是，主动应对型的人会主动去寻找这位梦中总理，等待解决型的人盼望着这位新总理，避免麻烦型的人也许会习惯裹尿不湿而逐渐对谁执政都无所谓。

朋友圈的回馈中，也不全是反对的声音。两条与众不同的私信的另一条来自东部，简单而温馨，“我是支持平权的。但这不影响我们的友谊。”

我也支持平权法案。根据维基百科的解释，“在美国，平权法案（Affirmative action）又称为积极平权措施，是指美国联邦政府和州政府在法律上要求的平等机会。这些措施是为了防止在‘肤色、宗教、性别或民族出身’上对雇员或就业申请人的歧视。例如美国劳工部提供的扶持行动包括宣传活动、有针对性的招聘、员工和管理的发展，以及员工的支持计划。美国政府自 20 世纪 60 年代推动扶持行动，以纠正历史上与之相关的有明显歧视的缺点。”

无论移民前后，我都属于非主流人群，而且我有几位 LGBTQ 的朋友，也了解他们的苦衷，所以我一直是支持平权的。不过嘛，在男女共用洗手间的问题上，我还是有所保留的。我没有“进步到”同意 CNN 的主播 Chris Cuomo 的言论，他说：“一个 12 岁女孩子在学校更衣室看到男性生殖器，如果觉得不舒服的话是她自己的问题，或者是她的父亲保护欲太强。家长应该教她学会包容。”看到美国人民的平权意识如此强大，自叹弗如啊。

在强大的自责和不断反思中，我越想越糊涂。是我们平权得不够彻底？还是他们有些矫枉过正？幸好朋友艾伦为我指点迷津。一天中午，我约了和他吃饭讨论孩子的教育问题。见面后，谈起昨天的文章。我说了我的困惑，他说：“我不反对变性人。但是要先变性，再进入相应的卫生间。如果都以心里的想法作为依据，社会不就乱套了吗？法律还怎么执行？不能因为要优待一小部分人而损害大众的利益；更何况还不一定能优待成功，很有可能让不法之徒钻空子。如果说要保护他们的想法，是不是也应该保护我们的想法？为什么要通过践踏我们的权益来保护他们的？对我们也不公平啊！”艾伦思路清晰，行动力强，他已经加入了某党派，要通过奋斗维护自身和孩子们的权益。这也算一次和“读者”面对面的讨论吧，算是发文后的回响。

所有回应中，最有趣的来自我的一位中学同学。同学群里有人看了文章后问我情况，他大概只看了同学的问题，没有看原文，横插过来批评我说“你出国几年学坏了啊！这把年纪了，还惦记着进男厕所呢？！”我只能回复他说，那是法案，不是我的理想。真心不是啊！

你入你的主流，我上我的街头

2018 年 2 月 18 日，农历大年初三，近 700 位来自加拿大各地的华人在渥太华国会山举行游行示威，抗议“剪头巾”事件。这是加拿大华人第一次在首都举办抗议活动。比起 2016 年国会山前著名的春节快闪，这一次集会让在加华人展现出不同的面貌——我们友善温和，但绝不会任人欺侮。

游行示威在加拿大非常普遍，只是先前华人参与较少。这次的大规模活动值得载入加拿大华人移民史——加拿大华人的经济、文化发展都得心应手，唯独政治参与是个软肋——此次集会是前所未有的、有号召性的。

然而，就在越来越多的华人的政治参与热情日渐高涨时，某华人组织突然跳出来“发文声明”，说这次游行中有白人排外组织参加，抹黑了华社，结论是这次游行不代表加拿大华人。

读后不禁莞尔——既然这样大规模的游行无法代表华社，那么这个躲在一边码字的某组织又有什么权利、资格写这样的文章，来代表加拿大华人发言呢?

谁能代表加拿大华社？

这个问题不言自明。任何华人都不能代表加拿大华社，但是任何人都是加拿大华人社会的一分子。如果连这个简单的逻辑都搞不清就公然谩骂他人，请先退回去想想自己的分量再说。

每个人的分量很轻，也很重。

从政治层面来说，选票是最直接的体现。华人不喜欢投票可谓“尽人皆知”。最直接的例子就是集会中老兵代表指出，华裔的投票率只有 10%，而穆斯林的投票率高达 80%。华人应该向穆斯林学习，积极参政，用自己的选票选出能为自己说话的代表，选取想要的政府。

投票不花多少力气，有些人却觉得“反正也不少我那一张”。事实上，在人口稀少的加拿大，每一张选票都非常重要。去年我们所在的城市就举行了两次投票，原因是第一次投票中两位候选人的选票数量没有差别。

游行示威让有些同胞觉得更麻烦。大老远赶过去，也就是举举牌子。比如这次在渥太华的游行，很多外地华人还要自费买机票过去。不仅花时间，还花金钱，又赶上过年，不能陪家人，却要在冰天雪地里冻几个小时，之后还被人喷口水，貌似一场“赔钱买卖”。

从社会生活层面而言，每一位华人的具体表现就折射出华社的面貌。华人中喜欢做义工的多，华社就是个喜欢奉献的社团。华人中喜欢募捐的多，华社就是个喜欢捐助的社团。华人中爱清洁、讲卫生的多，华社就是个干净、美丽的社团。华人中喜欢遇事动嘴不动手、事后指手画脚批评的人多，华社就成了“事儿妈、事儿大爷”社团。

我们希望华社是什么样的面貌，完全不用去指责其他华人，做好自己即可。

我们希望得到政府、其他族裔的重视，完全不用谄媚摇尾，积极投票即可。

为什么我们要发声抗议

华人参加这次集会的导火索是“剪头巾”事件。

这一事件已经被报道多次，并且按照各新闻机构的价值体系分别进行了有特色、有侧重点的渲染。在此不再赘述。其实即使不被过多渲染，人们也不可能完全了解真相。因为事件一旦发生，所有的描述都是片面的，即使不是有意为之。做历史研究的学者都能明白这一点，即历史还原是无止境的。人们总会按照自己的理解、视角、利益去解读事件。

那么，为什么部分华人不能按照自己的理解去解读“剪头巾”

事件呢？为什么不能理解为是对华裔的有意栽赃？为什么不能对这种栽赃抗议？

而又有谁有权利去限制别人的思想自由？你的左脸被打了，你可以把右脸伸过去，但你不能要求所有人挨打后都是同样的表现。

况且根据历史事件来看，反而是打回去的不容易再被打。

北美排华法案发生的原因之一就是当地华人不反抗，逆来顺受。看看印度人如何在加拿大崛起。大家都有共识，如果惹了一个印度人，那就是与全体印度人对立——如同惹了黑人一样。

每位加拿大华人都有权表达自己的思想、感情。不仅要表达，还要习惯大声说出来。亚裔不是哑裔！

走自己的路，让看客们继续观望

这次游行被人诟病的原因之一是“联合”其他组织。这完全是找茬儿。

找茬儿的理由是说这些组织是“极右”。又是谁来道听途说地给这些组织下的定义？代表退伍军人的老兵组织是极右吗？反对 M-103 限制言论自由的 C3、反对魁北克非法越境难民的 THE PACK 等是极右吗？而来反对游行的蒙面的 Antifa、IWW 这些组织又是什么性质？

总是有人喜欢站在道德制高点给他人贴标签。倘若能停止喧嚣、安静地认真思考几分钟，恐怕对于这次游行的意义能体悟得深一些。

看过伤残军人因为被小土豆斥责退伍军人“要得太多”而发表的演讲，就会明白为什么老兵代表要求平等。他们为了保卫加拿大不惜牺牲生命，但是他们退伍后却得不到必要的保障。更令人发指的是，土豆政府为 ISIS 的人不断赔偿、欢迎他们回国。“但我并没有为之准备的，总理阁下，是加拿大正在背叛我！”这样的不公平难道不是每一位崇尚公平的加拿大人应该声援、支持的吗？

在一个有着多元文化、崇尚思想自由的国家，不可能、也不应该要求所有人的诉求相同。即使对这些组织的一些诉求可能不完全认同，但是在面对共同的不公平的威胁下，完全可以求同存异。大家互相借重，他们借重华人的支持，华人借重他们的影响，联合对抗已经造成巨大暗影的恶势力，才可能取得胜利。

此外，就算不在乎华人在这次“剪头巾”事件中所受的影响，也不能允许对老兵的轻视、对 ISIS 成员的纵容。

正如德国的马丁·尼莫拉牧师血的反思：“在德国，起初他们追杀共产主义者，我没有说话——因为我不是共产主义者；接着他们追杀犹太人，我没有说话——因为我不是犹太人；后来他们追杀工会成员，我没有说话——因为我不是工会成员；此后他们追杀天主教徒，我没有说话——因为我是新教教徒；最后，他们奔我而来，却再也没有人，站起来为我说话了。”

爱因斯坦说：“我会对那些我认为是非常恶劣和不幸的情况，公开发表意见；对它们沉默，就会使我觉得是在犯同谋罪。”

这是对那些伏低做小的看客最好的教诲。沉默不是中立。对邪恶不制止，等同于作恶。更何况还为邪恶叫好！

鲁迅的《药》里写去给儿子买人血馒头的华老栓赶到刑场，“老栓也向那边看，却只见一堆人的后背；颈项都伸得很长，仿佛许多鸭，被无形的手捏住了的，向上提着。静了一会儿，似乎有点声音，便又动摇起来，轰的一声，都向后退；一直散到老栓立着的地方，几乎将他挤倒了”。那些脖子被无形的手捏住的“鸭”们，如今变身为键盘后一个个看热闹、叫嚣谩骂的人。他们仍在等着沾了人血的馒头吗？

看客有看客的逻辑，勇士有勇士的精神。

在这个多元化的社会中，还是各自为政，按照各自的方式自由地生活吧。

我们不代表任何其他人，也绝不愿意任何其他人发个声明就来代表我们。

市选是一场战役：战士五花八门

一位国内的朋友问我："最近你们那里在选什么呢？我看朋友圈里几位温哥华的朋友每天都忙乎得热闹。"我说各个城市在选市政府。来了几年，第一次真正参与到市选中，还真是大开眼界。说"热闹"有些低调，这里的市选简直是在打仗。

加拿大是三级政府制，联邦、省、市，各级分工明确，隶属关系不强，在一定程度上可以说是"各自为政"。各级政府的选举依次进行，谁也不耽误谁，互不影响。因此，市政府选举对于一个城市来说，就是大事。虽然每个城市人都不多，但人们对此非常重视，比如我所在的城市不足 15 万人，却有 22 位候选人严阵以待，摩拳擦掌。

参政者目的各异，有的发自情怀，有的有事业追求，有的为了扬名立万，还有一些人的想法超出我们的想象力。无论何种主观目的，一个客观事实是不能回避的——当选后收入可观。当选几届后，退休金也很让人过瘾。尽管只有几十万元人民币的年收入，但对于加拿大这样收入比较均衡、没有暴富机会的国家来说，年收入十万加币（约 50 万元人民币）以上都算可观的了。

这里说的是收入，不是年薪。年薪看起来都不高，但是参政者可以身兼数职而获得职务补助，并有交通等福利补贴，总额不菲。但是，无论怎么花哨，收入都是公开的，他们和老百姓一样，每年要诚实报税。如果有人敢在收入中藏猫腻或者报税有虚头，一般是在找死，会“死得很难看”。因为无论是反对党还是各大小报记者，无数双眼睛盯着呢。再说，加拿大群众堪比朝阳群众，觉悟都很高，遇到违法乱纪的事特别喜欢举报。

不管出于什么目的吧，遇到四年一次的选举，各路豪杰纷纷登场。“各路”，绝非虚指。

先从族裔说起。22 位候选人中有定居几代的欧洲裔，有从纳米比亚来的、从中国来的、从意大利来的、从西班牙来的一代移民，还有生在这里的韩国裔和会说阿拉伯语的穆斯林二代移民。欧洲裔的来源也很丰富，有爱尔兰的、英国的、俄罗斯的、罗马尼亚的、法国的，还有犹太人。加拿大是多元文化的移民国家，可能为了赢得大众的认可，每一位候选人上台都先说自己的来源，以至一位实在没地方追溯的候选人说，她是从魁北克移到温哥华的。

再说职业。候选人遵从登记制度。只要是加拿大公民，在本地居住了一定年限，都可以申请，因此，候选人中有全职妈妈、公车司机、私营公司小业主、IT 工作者、房地产经纪、小学音乐老师、银行雇员、法律工作者等，还有一位退休的建筑工人。在隔壁城市的候选人中，有两位电视红人——一位是国家电视台的主持人，一位是基督教电视宣教士。

这里也不考察候选人的学历，不要求他们是重点大学毕业。听了几场公开介绍会后，我琢磨出一个规律，凡是上过大学的候选人，都会说自己的学历、专业，而不说的候选人基本都是高中毕业的程度。虽然上过大学的不多，但我也见过斯坦福大学的硕士和加拿大本土的双学位。

尽管“私人生活”不属于竞选考察的范围，大家也都愿意拿出来晒一晒，显示一下家庭和睦、鸡犬安康的美好状态。已婚的会说自己有几个孩子——有两位候选人以五个孩子并列第一；没结婚的有的和“partner”住在一起。这个“partner”可有学问了，凡是没有按照法律登记结婚的同居伴侣都属于此列，无论同性、异性或正在变性的中间状态。加拿大承认同性婚姻，BC 省承认同居两年以上等同于婚姻。候选人的性别也多元化，有男性、女性，还有一位从女性变成男性的变性人。他变得很成功，如果不是从报上得知他是变性人，仅从外形上根本看不出来。年龄就更五花八门了，从刚毕业的大学生到孙子已经是青少年的爷爷辈。

豪杰登场后，各显神通，不在话下。一个多月前，候选者就开始启动竞选。印传单、做插在路边的标牌是第一步。在中国，这些都是小 case，在这里却价格不菲。单说那个标牌吧，简单的细铁丝架子、彩色的纸板印刷，价格竟然是 30 加元一个（折合 150 元人民币）！传单有很多种，有商业公司统一代印代邮、负责寄送到本市各户信箱的大宗传单，也有供平时派发的和参加公开见面会用的。一些用心的候选者，还去报纸、有影响的公众号上挂广告。这些宣传费用加起来，最低也要上万加元，一般花三四万加元是常态。

同时开动的是建立自己的竞选网站，发起脸书、推特或针对特定族裔的 APP 宣传，有的还录制几分钟的竞选视频。竞选网站上除了展示自己的照片、履历、故事、竞选纲领，都少不了和选民联系的链接和“赞助”链接。BC 省今年正式禁止地产发展商本人或公司给候选人捐款——可见以前他们是主力，至少是主力之一。人脉好的候选人从私人手里也能收到一些赞助，数量多寡便不得而知了。

竞选少不了义工，发传单、敲门拜票、扫街拜票，都需要大量义工协助。如果是高中生，做了义工可以获得义工证明（本地高中毕业和申请大学都需要一定小时数的义工记录）。有钱有野心的候选者还会组建竞选团队，聘用竞选经理。

这些热闹只能算“台下十年功”部分，真正的“亮剑”是台上陈述和辩论，以及回答选民提问。这一个多月的热身期间，一些机构会组织见面会。候选人可以根据自己的时间和意愿选择出席哪场，完全是自愿报名。这次 22 位候选人中，有两位就从来没有露过面。其中一位可能已经打了退堂鼓，另一位韩国裔候选人却在大张旗鼓地四处插标牌、刊登广告——有选民评论说，大概他靠拿韩裔选民的票就稳操胜券了。

平时大家都客客气气，当好好先生，不笑不说话，不问候不开口，但到了台上辩论的时候就不是那么回事儿了。

斯坦福硕士要竞选市长，和老市长同台打擂。斯坦福硕士陈述时，幽默诙谐，侃侃而谈，说得入情入理，感情充沛，还举了实证，直捣市政问题。他义愤填膺地说，某家餐厅要开业，装潢完毕后半年都拿不到执照，硬是被拖黄了。台下听众不由得倒吸一口冷气。老市长却淡定地说："这不是事实。"原来斯坦福硕士在虚构。斯坦福硕士并没有为自己的谎言被当面拆穿而内疚，继续猛攻，又煽情地说："本地一个妈妈要开烘焙店，申请执照却三个月审批不下来！这可是本地的烘焙店啊！"还没表演完呢，老市长探身向麦克风，声音低缓地说："这个也不是事实。"如此一来二去，五分钟辩论就像舞台剧。别看两人唇枪舌剑，却丝毫不影响退场时的握手、拥抱。

辩论时的各种趣事不胜枚举。本地文化生活不丰富，辩论无疑成了亮点，很多人专门喜欢看辩论，以至于有经验的老选民都知道竞选辩论时要早点儿去占座位。

为了方便选民，在正式投票之前，有数次提前投票。这个周六是正式投票的日子。眼看选举就要落下帷幕，究竟花落谁家还有待猜测。看着一位位精神饱满得像打了鸡血的候选人，我真心佩服。选举拼脑力、能力、财力，更拼体力！没有健康的体魄，这场战役还真是打不下来！

这一场注定要输的战役，虽败犹荣！

一

2018 年 6 月 27 日晚 7：00，列治文学区面向公众的教育会议在 J.N. Burnett Secondary School 召开，主题是关于“SOGI 123”（即“性别性向多元化教育”，包括教导学童性别可变、同性恋正常以至异常性行为等内容）是否在学区执行的最后表决会。

不到 6 点，学校的停车场已经聚集了许多反 SOGI 的人士，其中不乏白发苍苍的中国大陆来的爷爷奶奶。他们不懂英文，看起来有些拘谨，可是为了子孙后代的未来也勇敢地走出来了。现场报道的媒体来了数十家，在场地中拍摄采访。有人事先准备好抗议的牌子、横幅，还有人拿来加拿大国旗，分给空手而来的参与者，二百多人很快形成了宏大的抗议场面。

这一次列治文没有枉费“加拿大最大的华人聚集地”的名声，来抗议的人大多数都是华人。更有从温哥华、高贵林等其他城市赶来的华人声援。华社展现出巨大的同仇敌忾的团结。入场开始前，抗议者又聚集在学校门口，有节奏地喊号子“NO，NO”以示态度，相当有气势。

场地布置的座位约600个，几乎全部坐满。华裔占了大多数，穆斯林、印度裔人士、西方人等也来了不少，人数明显多于支持SOGI的“彩虹队”。登记发言的有60人。由于许多发言人提前离开，会议又展开现场登记。会议持续到下半夜。警察到场巡逻。

值得一提的是，反对者绝大多数是家长，有许多是带着孩子来的，九点多之后，不少人回家了。支持SOGI的“彩虹队”的人数本来不多，可是他们几乎无人提前退场——同性婚姻中有孩子的不多，因此到了下半场反而显得人多。但是这一次华人毫不示弱——在一些相关的微信群里号召之后，有些华人家长又赶回来了。有些英文不好的家长，甚至爷爷奶奶也勇敢地上台发言！

尽管反对者占主流，会议最终仍以6：1通过了SOGI 123。

二

这个结果毫不意外。自从特鲁多政府运行后，加拿大逐渐走上了堕落的道路。而这一切，都是特鲁多为了实践他的竞选承诺而搞的鬼把戏。

为了大麻使用者的400万选票，他可以通过大麻法案。为了LGBT的几十万张选票，他也会不择手段地继续损毁大众利益，导致种种毫无必要的矛盾出现。

这也令广大民众，尤其是曾经投票支持特鲁多、如今后悔不已的选民们再次见证政治的游戏规则。投票前一定要认真分析参选者的施政纲领和理念，千万不要认为某些想法太荒唐，当选者不可能执行！——他们可能并且一定会执行，除非他们想被支持者抛弃。

投票时一定要投给真正和自己理念相符合的参选者，而非看谁拉票时态度好、会说话！比如这次列治文 SOGI 会议之后，反对 SOGI 的民众再选举列治文的市委、学部委员时，票投给谁应该目标明确了。

这也令广大民众更加清晰地认识到，要积极投票！积极投票！积极投票！不发声的族裔在加拿大政治中没有前途，不发声的群体在社会生活中无足轻重。

有的华人认为，“政治和我没有关系！”这是自欺欺人、掩耳盗铃！你认为和你没有关系的政治让你即将沉浸在大麻的烟雾中！你认为和你没有关系的政治也即将（其实是已经）告诉你的孩子，未成年时，想变性就随意变，不需要家长同意！甚至教给你还抱着洋娃娃的女儿，怎么为男性生殖器戴上安全套！

有的华人貌似超脱地说：“我对政治不感兴趣！”又有多少人是因为感兴趣才关心政治呢？谁不想悠闲轻松，喝喝下午茶，做点自己喜欢做的事情？谁愿意顶着大太阳举牌子抗议？谁愿意驱车几十公里去赴一场明知道会失败的声援？谁愿意牺牲休息时间撰写发言稿，一遍遍演练，确保两分钟内说完还要直击要害？正所谓你以为的岁月静好是别人的负重前行。

三

然而，这一次也是华社的胜利。我们虽败犹荣！

温哥华、列治文、三联市的华人家长早早地行动起来，组织微信群、办说明讲座、制作标语牌、发动群众，与 Culture Guard 等组织携手，合纵连横，调动各种可能的资源，尽力为反对 SOGI 发声。

华人终于走出了“哑裔”的阴影。前次列治文的 SOGI 见面会上，反对者参加寥寥。现场的一位穆斯林妈妈说，这次会议上，她要带来至少 100 人。虽无华人妈妈发此宏愿，但是这次到场的参会者一半以上是华人，充分说明了实力。

列治文的表决结束了，可是大温其他城市的战斗还在进行。

科学的观念和非科学的政治游戏的斗争仍然任重道远。大麻的合法、性的泛滥、变性的误导，是赤裸裸的认知倒退！我们的孩子所受的教育不应该退回几十年前的嬉皮时代。

特鲁多政府的荒诞终将成为历史片段，却不会是最后一场荒诞。每一届政府都会为了自己的选票而取悦选民。只有我们积极参政、投票，让能充分代表我们利益、观念的人进入各级政府及相关组织，才可能最大限度地避免悲剧的一再重演。

加拿大以民主、自由著称。让我们在新的土壤上重新塑造思想意识，开启智慧，鼓起勇气，为自己、为将来而发出自己的声音！

大麻合法化：作死之路！

2018年10月17日，加拿大成为世界上继乌拉圭之后第二个全国“大麻合法”的国家。反对者和支持者同样夜不能寐，前者为加拿大青少年的健康成长、交通肇事隐患、社会治安等问题忧虑，后者为了等待狂欢而兴奋。

大麻合法化后会怎么样？前途未卜……但是，在此之前已经实行大麻娱乐化的科罗拉多州等美国的几个州已经提供了前车之鉴。

支持“大麻合法化”的主要理由是带来税收和打击黑市。然而，科州的税收真的赚了吗？打击黑市成功了吗？

科罗拉多州于2014年实行大麻合法化，2016年征收“大麻税”近7000万美元，可是科罗拉多州用于预防青少年吸食大麻、打击“麻驾”、规范大麻店管理等方面的预算是1.3亿美元。得失一目了然。

至于需要投放的与吸食大麻相关的医疗费用，还不得而知。可供参考的是与烟草相关的病患的医疗费用。1998年，BC省政府向多家烟草公司提出诉讼，要求他们分摊每年民众由于吸烟引发疾病的 5 亿加元治疗费用。

2012 年，魁北克省政府步其后尘，要求美国烟草公司支付从 1970 年到 2030 年的 600 亿加元的医疗费用。案件悬而未决，至今仍在审理，并耗费了数百万加元的法律开支。

两个省政府敢于提出诉讼，是由于 20 世纪 90 年代美国烟草公司曾经与加拿大各州政府达成赔偿和解，数额是 2450 亿美元。这些天价医疗费用无疑是悬在大麻合法化头上的达摩克利斯之剑——坠落是必然的，只看时间早晚。

至于“打击黑市”，则更是妄谈。据加拿大国际广播公司 RCI 报道，大麻合法化后，科罗拉多州成了大麻的“首都”。贩毒组织到那里“合法”种大麻，再运到其他禁售的地方去非法销售。美国联邦缉毒局（DEA）的负责人保罗·罗奇说，他的警队投在缉查大麻贩运上的精力比大麻合法化之前高出 3 倍。

美加边境防范松散，加拿大大麻合法化后，是否会成为美国大麻黑市的更大的“首都”？答案：是的。

“犯罪团伙，包括与墨西哥和古巴贩毒集团有关的犯罪组织在科罗拉多州租房子、租仓库，甚至干脆在属于联邦的森林里种大麻。有的时候，这些犯罪团伙就在光天化日之下运营，假装自己是合法种植。这些犯罪团伙如果发现能够利用加拿大的法律，在加拿大有获利的机会，他们也会跑到加拿大去这样做。”DEA 的负责人保罗·罗奇表示。

允许居民在家里种大麻让毒贩子更加无孔不入。即使有再多的警力增援，也无法逐户去搜查、鉴定谁是“合法种植”，谁是“毒贩子”。毒贩子渗透到社区中，相应的治安问题便会增加，社区风气也会改变，对青少年的安全、孩子们的健康成长及家居财务安全都会有极大的影响。

任何一部涉及毒品的北美影视作品都能帮助人们预先对此有个心理准备：

家门外的雕像被砸了？抱歉啊，隔壁租房的邻居们吸嗨了没有控制好。

外墙上多了个弹孔？不巧啊，黑帮火并射偏了。

抱怨社区中弥漫着大麻的味道，让人不舒服？没办法啊，大麻的味道就是那么浓烈啊，别人在家开着窗户吸大麻，味道自然会飘出来。

怎么，十几岁的儿子被邻居邀请做客顺便受到了“特别的招待”？怕什么，早晚他都会吸食，已经合法化了嘛。

女儿未成年就怀孕了？同学聚会中吸大麻是时尚，至于吸完了都干什么了，who cares？

……

希望这些“桥段”不会在现实中发生。现实中已经能证明的，还有大麻吸食者对供应者非常“忠实”，他们依旧会从原来的黑市购买，而不会去新开张的大麻店消费。这一点笔者也从与一些大麻吸食者接触的过程中证实。

他们的解释是，原来的小贩了解他们喜欢的品种、口味，而且更重要的是，由于不需要上税，小贩的黑市价格反而不会高于甚至低于合法商店的价格。在这样的局面下，似乎可以得出结论：新开张的大麻店的明显作用，是促使更多原来不吸食大麻的人如今坦荡地“合法”吸大麻。

大麻是否会对人有危害是争论的一个焦点，双方都有医学研究者的支持。但即使是认为大麻无害的支持者，也不能否认吸食大麻后致幻现象的存在。而且，已有数起未成年人误食掺杂了大麻的糖果、点心引起身体极度不适而需住院治疗的事件。最严重的一起是科罗拉多放开大麻后，一名青少年食用含大麻的点心后骤亡。

美国国家药物滥用研究中心（NIDA）的研究表明：

30%的成年人使用大麻后会出现许多使用失序（disorder）的情况，如果是低于18岁的青少年，会比成人多7倍的机会使用失序。9%的患者会有药瘾戒断综合征（withdrawal syndrome），这些症状来自药物依赖，像无法入睡、心情变糟、食欲降低、不安、烦躁、身体不适、难以抑制的渴望感等，会出现在停止使用大麻的一周到两周间。如果是十几岁的青少年使用大麻，则有17%会出现戒断症状。

大麻对身体的危害表现在：对认知、心理、记忆的伤害；致幻；阻碍未成年人大脑发育；出现精神问题；损毁呼吸系统；引发心血管疾病；药物依赖；损害生殖功能，尤其对男性生殖器有不可逆的损伤。

科罗拉多州丹佛公共卫生局的报告指出，大麻对青少年的危害具体体现在造成学习障碍和产生记忆力问题，使用大麻的孩子将来更容易染上酒瘾、烟瘾或者其他毒品上瘾，数学和阅读的分数都很低，常引发精神问题。

大麻合法化以来，科罗拉多州的毒品致死率已经飙升至全美第一，也使得该州的大麻、饮酒、可卡因、处方类止痛药和海洛因几项消费皆居全美榜首；相关犯罪蔓延，警方已经无力控制；自愿接受戒毒、戒酒治疗的女性中 7% 是孕妇，而这个数字的全美平均值是 1%；处方类海洛因的过量使用在增加；20% 的本州居民使用非法药物，居民因使用毒品入院治疗的人数大幅度上升，其中由海洛因导致的治疗人数十年内翻番；过量吸食毒品致死的人数已经超过交通肇事。

种种不良局面已经促使科州政府决定大力迎战大麻合法化的危害。在加利福尼亚州通过大麻合法化法案之前，科州州长曾奉劝加州谨慎行事。科罗拉多州大麻执法局总监科斯基也曾忠告过加拿大总理特鲁多："落实这项措施，比你想象的困难得多，需要更长的时间，成本大大超出你的想象。"

2018 年年初，美国司法部已经撤销了奥巴马时期的备忘录，指出"联邦法律禁止持有和销售大麻，国会也为此制定了法律和惩罚措施。之前全国范围内对大麻执法政策的指导没有必要，即日废除，立即生效”。

如今，在温哥华机场去美国方向的值机区域，随处可见提醒旅客“携带大麻入境美国是违法行为”的指示牌。

事实上，根据美国联邦法律《联邦管制物品法案》，大麻被列为一级管制上瘾物品。同属于此类的毒品还包括：海洛因、迷幻药、麦司卡林、安眠酮等。如此明确的法律下，竟然还能滋生出科州、加州、华州等地的“大麻合法化”，令人不能不感叹其荒唐。

而更荒唐的是，在科罗拉多州等地的大麻合法化已经展现出恶果的今天，加拿大竟然要实行全国大麻合法化！

第三章　加拿大移民和留学生活必知

加拿大移民和留学生活必知

近年来，关注加拿大留学、移民的朋友越来越多，我经常为亲友们答疑，久炼成精，越答越熟练，以至于有人以为我改行做移民、留学申请的顾问了。回答得多了，我干脆做出归纳总结——凡是想移民、送孩子留学加拿大的“新人”都可以从中了解基本信息。

1. 加拿大教育的出发点和根本思路和中国的教育完全不同

提纲挈领地说，加拿大教育和中国教育的根本思路不同，出发点不同，因此相应的课程设置、教学要求、方法、考评等都不同，学生们的课堂体验也就不同。

这一点也是我来了几年后逐步认识到的。认识到之后，我恍然大悟，先前的一些疑惑、纠结迎刃而解，也找到了比较适中的调节方法，孩子满意、我们家长放心。

那么，加拿大教育的根本思路是什么呢？答案是：公民教育。

加拿大的基础教育是 K 到十二年级，共 13 年，对本国居民、公民是免费的。如果父母有学签、工签，孩子也可以享受免费教育。本国居民就是我们常说的拿了“绿卡”的移民。加拿大的移民卡俗称枫叶卡，美国的移民卡俗称绿卡。很多移民获得移民资质，就是拿了枫叶卡后，并不入籍，这部分人被称为居民。居民和公民的最大区别是没有选举权，不能加入军队，其他方面都一视同仁。

加拿大没有学区房，因为教育资源非常平等，至少是人为地希望平等，不会故意设计出不平等的资源。加拿大的基础教育由各省政府的教育厅负责。每个省又按地区划分出若干教育局，本地的教师调配、学校增设或关闭、教育经费的盈亏都由各教育局负责。各教育局的权限比较大，也在一定程度上保证了公立教育资源的平均。

对小学教育影响更大的是校长，校长如果认真负责，学校活动就多、家长和学校的关系就亲密。到了中学，因为涉及学生是否上大学，家庭的影响就显现出来了。收入高的家庭对孩子的培养、支持会多一些，比如为孩子提供大学学费。反之，低收入家庭的孩子一般不会在毕业后直接进入大学，那么高中对他们来说还是玩，学习兴趣可能就不那么浓厚。

加拿大学校一般有“小学 + 中学”和“小学 + 初中 + 高中”的模式。这种多元性很有趣，不要求统一，保持历史传统。而且各学校上下课时间不一致，上下课也不打铃。我家所在的教育局是后一种模式，五年级小学毕业，初中 3 年，高中九到十二年级 4 年。

小学期间，基本上是一位老师教音乐以外全部的课。学校中经常出现不同年级的混班现象——迪迪上到八年级，只有四年级和八年级不是混班。混班有多种原因，可能主要是希望孩子们学会互相照顾，高年级的照顾低年级的，另外也是为了让一些学习能力弱的孩子跟上进度。

中学开始增加劳技课、兴趣课，比如烹饪、缝纫、木工、摄影，还有些更专业的课程，如汽车修理等。从小学高年级开始，学生们会接触职业介绍，老师会讲故事、放视频、请人来做讲座、组织讨论等，逐渐帮孩子们了解社会上的职业状况，启发学生找到自己心仪的职业。

教育厅提供的是教学大纲。各教育局发到学校一些课本，但课本属于学校，学生们在课堂上有时会使用，一般不需带回家。

我的感受是，学生上课能学到什么，完全取决于当年那位老师。但学生们的知识面不会窄，因为大量的阅读、多样化的教学和作业、丰富的课程设置弥补了课堂教学的知识限制。

2. 加拿大学生在学校能学会什么？

根据我的观察和体会，加拿大学校中知识教育的系统性比国内差很多，比如迪迪七年级学世界历史，学了一年，也只是讲完了古埃及和古希腊的一小部分，因为老师太喜欢法老了，“一个法老一个法老地讲”。可他们会学一些国内学校不开展的内容。比如税法和其他常规法律知识。遵守社会道德、礼仪规范、法律是他们在学校学习特别重要的内容。不说谎、不偷窃、不争强、公平、公正，玩游戏时轮流依次、安静守秩序，年龄大的同学让着年龄小的、保护和照顾年龄小的，男生让着女生，这些都是基本常识。

学校里提倡“no touch”，不许随便触碰其他人的身体。语言要礼貌，说任何不好的话都被禁止，情况严重的甚至会约家长谈话。有一个一年级的孩子和同学吵架说“我要杀了你”，就被约谈家长。过街看红绿灯、走斑马线，不做任何被法规禁止的事情，公共场合不要大声喧哗、影响他人，注重餐桌礼仪，等等，都是从小就在学校培养的。

学校里反对霸凌。对霸凌的规定很严格。不要说打人这样的事情绝对不允许，语言欺凌也不可以，甚至在小学的时候，孤立学生就算霸凌。比如两个孩子正在玩，第三个孩子要加入，如果那个游戏不是只能两人玩的，必须要允许第三个孩子参与，否则就算孤立。

总体来说，学生学习成绩不好不会被叫家长，但是如果言行举止出格，老师则会写通知给家长、约谈家长。学校更在意的是行为规范的培养。

除了基本的行为规范，学生还有一些其他方面的收获。

学校重视对学生独立思考能力的培养。做作业时，鼓励多样形式，没有统一标准，让学生各展其才，但禁止抄袭。注重对创造力、创造精神的培养及虚心、包容性的养成。

3. 高中毕业和大学申请

加拿大和美国的公校、私校情况有些不同。加拿大公校教育很均衡，私校比较小众。对留学生来说，美国公校不接收留学生，加拿大接收。事实上，公校里的留学生是加拿大教育产业的重要收入来源。

无论公校、私校，念完 12 年级都要毕业。成年后如果需要补习高中课程，可以注册成人高中，但不能在中学校园读书。

加拿大的高中是学分制，按照要求修满 20 门课（80 个学分）就可以了。有几门必修课，此外必须修一门劳技课，其他的就可以选课了。如果不报大学，高中的学习也很轻松。16 岁可以考驾照，学生们的社交活动丰富。应该说，高中毕业不算困难。当然，也真有毕不了业的。

对于报大学的学生来说，压力就比较大了。一路轻松到高中，从十年级开始正式算成绩。十年级有省考数学，十二年级有省考英语，这两门考试是整个基础教育期间仅有的两门，对于报 BC 省本省的大学是很重要的。报大学时，除了省考成绩，还要求主科成绩和个人陈述。写个人陈述是非常重要的，越有名的大学越看重这份陈述。

名牌大学也招体育特长生，但是对学生的学业成绩也有较高的要求。能被招成体育特长生的学生真是凤毛麟角，与十多年来家长和学生付出的辛苦、家长付出的金钱相比，也不一定划算。加拿大的体育有个特点，几乎都是自费——选手参加奥运会都要自费。对于学生来说，从小到大的各级训练也是自费。能一路训练到高中毕业并有上佳成绩的，都是真心实意地爱那项运动，否则真是难以坚持。

政府设置了 RESP 计划以督促家长给孩子攒学费——家长每年给孩子的一个专门账户存 2500 加元，政府白送 500 加元。这个账户只能在孩子成年后使用。如果从孩子出生开始存，18 年的积累加上政府补助能存 54000 加元，支付一般加拿大本土的大学学费就差不多了。大学还有无息贷款，学生能打工，也能解决一些生活费。

许多学生高中毕业后不直接申请大学，除了经济原因之外，也认为应该先接触社会，工作一段时间，确立了自己的职业方向再读书，更有目的性。另外，社会的工作环境相对公平，阶级划分没有那么明显，不存在这方面的势利眼。有收入做保障，社会文化做后盾，体力劳动者不会有明显的低人一等的感觉。北美的大学是宽进严出。对很多不追求学术深造的人来说，与其花费数年的时间，耽误赚钱、支付学费，还不一定能毕业，毕业了还不一定能找到合适的工作，不如高中毕业后直接上班。

高中毕业后是否上大学、学什么专业、做什么工作，都和家长没有关系了，孩子们会逐渐开始独立生活。

4. 有多少钱能移民

加拿大的房价相对于国内来说，不算高，即使近年来翻着跟头地涨，价格也还可以。有一点需要说明，和中国一样，加拿大的房价也是根据城市不同而不同。同样的独立屋，在温哥华需要几百万加元，在其他省份、地区，可能只要几十万加元。

加拿大的房子是永久产权，买房子其实是连着地一起买了——有地就有地税。这个房子无论住不住、租不租，只要这块地是你的，你每年就要向市政府交地税。

加拿大的房子大致有几类：独立屋，等同于国内说的别墅。城市屋，等同于国内说的联排别墅、叠拼。公寓，有高层、低层，就和国内一般的楼房一样。不同的房屋类型相对应的价格、屋主的自由度、维护的费用、市场增值潜力等都不同。

租房子在加拿大很普遍。有人一辈子都租房子，到了老年入住老年公寓，没有房产之累，当然也享受不了房产的增值，不过他们的人生很自由，生活费用低，把钱花在想花的地方，想搬家就搬家，不必考虑太多。

加拿大的购房贷款利率最近开始提升，管理也更加严格。贷款前，银行会查申请者在其他银行、金融机构的贷款情况，与申请者的资产做比较，对于贷款多的申请者，银行不会再给新贷款。因此，一个人不可能在不同银行贷到很多款。

加拿大的汽车也卖得便宜，越是好车，价格相对于国内越有优势。有的国人来了，非奔驰、宝马不买，觉得不买太亏了。普通的新车两万加元可以入手，旧车就更便宜了。买车可以贷款，还可以lease，相当于长租，各有利弊。在大城市，不买车，公共交通也很方便，还不拥挤，因为人太少了。

经常有亲友问我，有多少钱适合移民。其实，多少钱都适合。这要看出于什么目的移民、什么年龄段、国内的状况、对今后生活的期望等。对于大多数中年人来说，如果想出国有个较为平稳的生活，想移民后就买房，大概要有人民币两三百万元的现金准备。有了这个数，可以比较舒服地安家、买房，在几年内从容地找个工作，开始新生活。

移民后生活的好坏，除了和经济储备有关，英语程度和性格、心态的影响也很大。英语越好，越能尽早开展工作、融入社会。有的华人抱怨不能融入主流社会，其实英语是一大障碍。英语不好，找工作也受限制。找不到合适的工作，收入不好，心情差，幸福感就低。

另外就是心态。心态很重要。无数例子说明，想过上幸福的移民生活，一定要开放、包容、勇敢，敢于从零开始，而且不和国内比较。

如果有人性格很保守、不喜欢轻易改变、对新事物接纳度差，移民一定要慎重。

5. 关于移民申请的“窍门”

移民的方式有很多种，如技术移民、投资移民，不同的省有不同的政策。需要说明的是，这些政策常常变化，有时候变松了，有时候变紧了。

移民筹划要胆大心细，我的建议是：

先考虑清楚自己的意愿，然后看自己的条件，主要是经济情况、性格、英语等。如果愿望很强烈，条件差点儿也可以。如果愿望一般般，条件就要够好。

做了移民的决定，就开始咨询。咨询时最好结合自己检索到的信息一同问，这样比较容易问清楚。

确定了项目，签了合同，就立即开始，但是要做好打持久战的准备。

所选的项目越快完成越好。一方面时间拉长有时间成本，另一方面有风险的存在。有人认为“孩子还小，慢慢办，四五年正好办完”，其实不然，很可能四五年内政策变了，就办不成了。

一定要找靠谱的公司、移民顾问办，最好是有熟人办过的。不要贪图服务费的便宜。技术移民的申请人如果英语好，专业又非常对口，自己办也没问题，但很多其他项目的移民要求必须是具备加拿大资质的律师或者移民顾问来办。

因为移民申请完全是不透明的，被拒后很难获知明晰的理由。

如果经办人不靠谱，材料准备不好，就很容易被拒。即使是按照节点付钱，前面的部分也会付冤枉钱，还耽误了时间。所以这方面要慎重。

6. 关于留学的一二三

对很多家庭来说，移民不现实，又想让孩子出国读书，那就要办留学了。加拿大的留学体系非常完备，值得信赖。

孩子留学不要太早出来。如果是九年级之前出来，一定要有家长陪读。家长可以申请陪读签证，但是没有医疗卡，最好买医疗险和意外险。陪读家长可以买房、买车、开车，生活没有任何问题。温哥华、多伦多地区华人多，陪读家长不用担心自己的语言问题。

家长和学生要有明确的意识，北美的高中虽然不用题海战术，但也不是能混过来的，要有认真读书的心理准备。家长对学生的成绩也不要有过高期望，毕竟有英语这个障碍，不要指望孩子一定拿全 A、当尖子生。因为希望越大，失望越大，给孩子压力也越大。

加拿大有些大学规定，如果没有在英语国家读够四年高中，申请大学要考雅思。雅思不是那么容易考，我考了多次，深有体会。而且申请大学的雅思分数比较高，文科类一般要 6.5 到 7 分。所以如果孩子能出来读九年级，就可以规避雅思考试这个问题。

家长如果希望孩子将来去读美国的名牌大学，甚至常春藤联盟学校，就不一定要把孩子送到加拿大读高中，送到美国读高中更便捷。

加拿大的生活、教育、移民，是个非常庞大的话题，一时半会儿说不完。

关于移民，既然做出决定肯定是觉得国外更好。可有人折腾了一趟后，又发现国外是好，但国内也有国内的好处，比如容易赚钱，于是又折腾回去——因为没想明白而浪费了时间和精力。而且往往折腾回去后，容易再次后悔。有人又再次折腾出来，有人则因为身份丧失，再出不来了，那更后悔。任何事情都不可能十全十美，任何选择也都各有利弊。移民亦然。如果移民前就感觉将来有可能回流，那真是要慎重。

有些家长送孩子出来读书后，希望孩子回流，认为国内容易发展。但是他们可能忽略了一个问题，长期在这边读书的学生如果学得不错，他们的思维方式、为人处世已经比较符合这边的文化，不一定能适应国内的环境。贸然回去奋斗几年，可能发现并不能很好地适应国内的环境，找不到理想的工作。有的回去后如愿赚到钱，但是结婚生子后，又面临孩子入托上学、环境等问题，还是觉得海外好，又很可能想回来。

因此，做决定不要看短期利益，也不要追求最大利益。利益最大化在现实中根本不存在。

与国内比，移民、留学生活过的完全是不同的人生。不只是换了地域，享受了好空气、好食品、美丽的山水，学了先进的知识，更多的还有思想观念的变化。反过来说，如果出国后，还是坚持过去的观念、言行习惯，不能见贤而思齐，就可能会受到很多冲击，也不一定会开心。

新移民需要做的事情有哪些？

1. 立即要做的

新移民来到新地方，一开始肯定会觉得千头万绪。参考多种经验，我们来梳理一下哪些事是要立即着手做的。

如果您是带着孩子来的，建议在确定了居住点后，就立即把孩子送到学校去。报名手续非常简单，去学校或者教育局注册即可入学。

去银行开户，或者激活已经开好的账户，申请信用卡。为了尽早建立良好的信用记录，最好在加拿大的主要银行开办信用卡并使用。加拿大对信用记录非常重视，办理许多业务都要去查客户的信用记录。有些移民由于外币限制政策，喜欢刷中国的信用卡，但从长远考虑，还是用一张加拿大信用卡比较好。

中国的驾照找有资质的翻译做了翻译后，能开车三个月。如果已经租车或者买车，就要先去做驾照翻译。这边出租车、Uber 等不是那么发达，如果自己不开车，要尽快熟悉公共交通的查询、乘坐方式。

买手机或者装固定电话。尽管中国的移动电话来了也可以使用，但肯定不方便，本地人无法联系您。下飞机后，尽快办手机业务，或者入住后尽快开通固话。

2. 随后要做的

登陆后另两个重要的手续是申请工卡和医疗卡。有些省是申请了医疗卡立即生效，BC 省是要三个月之后。所以入境后最好马上申请医疗卡。工卡非常重要，不要轻易给人看，以防被盗用。只有正式支付给你劳动报酬，并且要开税务登记表的人或者公司，才有权索要工卡号。

加拿大严格执行垃圾分类，要了解所在住宅区的垃圾分类和收取信息。如果不按规定处理，倒垃圾也会有困难。

法律规定，一些重要的文件材料要至少留存七年，比如报税材料等。因此，要准备一些大文件夹或者大盒子收存平时银行等寄来的各种对账单。建议尽可能将账单改成电子账单。一般电子账单都会为客户保存七年。

加拿大虽然没有什么听起来唬人的高科技，但是他们的科技运用普及到民间。最典型的是办各种事情都有很方便的网站。那些网站不是样子货，是真的可以用的。鉴于各种网站规则不同，最好准备一个密码本，记录各网站相应的用户名、密码。

3. 接下来要做的

加拿大的社区服务很完善。一个城市按照居民数量，会安排一定的社区中心。比如我所在的城市，大约有 12 万人，有两个社区中心。加上紧邻的两个小城市各自的一个社区中心，就有四个社区中心。

社区中心有游泳池、滑冰场、健身馆、图书馆。图书馆是免费的，游泳池、滑冰场、健身馆要收取一定的费用，但都非常便宜，他们主要靠政府资金运作。

熟悉社区中心，不仅能为孩子安排各种活动，也能使自己的生活极大地丰富。图书馆有布告栏、免费广告、报纸集散中心，非常适合新移民了解本地动向。这些地方都有免费 wifi，方便上网。图书馆的设施尤其可圈可点，许多家庭都把图书馆当作日常消磨时间的地方。孩子们在里面流连忘返，不愿意离开。

还要熟悉本地的各家移民安置公司，建议都去报名登记，这样能随时收到他们的活动讯息，也有利于获得帮助。

加拿大大多数停车场是免费的。但要注意不能停在残疾人车位，而且不要超过规定的停车时间。有的车位标明是 VIP/STAFF/REGISTERED 等，都是预留车位，不要停在那里。缴费的方式一般是街边咪表和停车场收费机。咪表需要投币，收费机可以刷信用卡。有的需要把收据放在车窗前，有的不需要，要看具体的规定。

4. 陆续要做的

加拿大水力资源丰富，水费超便宜，我所在的城市是每年收几百加元，不限制使用量。电费和煤气费按月收取。建议在相关的网站上设置自动划卡收取——他们很精准，一般不会收错；另外，这些费用的准时缴付有利于积攒信用记录。

建议大家安定后，给全家找个家庭医生。各地都有专门的家庭医生名录，但最好的方法是找熟人推荐。加拿大比较在意口口相传。如果您的英文非常不好，建议尽量找具备中文翻译能力的诊所。

对于有孩子的家庭，找牙医、眼科医生是刻不容缓的。政府对孩子乳牙的修补、护理有补贴，18 岁前眼睛的常规检查是免费的。

每年三四月份是居民报税的时期。建议找一个会计来帮忙报税。因为新移民会遇到海外资产申报的问题，还是有点儿复杂。一旦报错，日后会有不少麻烦。

新移民刚来的两年，常有许多保险经纪、理财代理围绕在身边。建议多去听他们的说明会，但是慎重下单。

熟悉 Canada Service Centre。他们的服务是免费的，换枫叶卡、申请护照等都可以通过他们办理。

5. 了解必要的风俗习惯

俗话说，入乡随俗。初来乍到，一定要多了解本地风俗，切不可妄自尊大。有些新移民就是因为不懂得遵守基本的规则而处处碰壁，却不懂碰壁的原因。

到了新的国度，安全是第一位的。开车一定要重新学习本地交规，行人过街也要了解交规，严格遵守指示灯。即使汽车道已经红灯了，行人过街灯如果没有变绿，也不能走，因为会有左转车。大多数本地人都严守规矩，开车时在这种情况下也就比较大意，没有那么多防范心理，所以，建议人们千万别用生命冒险！

要注意仪容整洁。这里没人在意你是否穿名牌，甚至穿什么都没人在意，经常是羽绒服和人字拖同框出镜。但是最好头发整洁，口气清新，千万别有异味。相对于其他族裔，华人可能是体味最轻的。可是有的同胞身上有油烟味，或者烟草的味道，张嘴就是大蒜味或者口臭，也容易让人退避三舍。

英语会不会不要紧，有没有口音也不要紧，要紧的是面带笑容、和对方目光接触，说话时别靠得太近，声音不要大，礼貌用语要多说。必要时配合手势、表情，日常沟通基本就没问题。

和人交谈时，无论对华人还是其他族裔，都要记得不该说的话千万别说。什么事儿不该说呢？尽量不要打听对方的个人或者家庭情况、宗教信仰，不要批评对方的任何事情。如果要评论，就说好听的，不要本着忠言逆耳的想法去主动给别人提建议。

不要显摆自己的情况，更不要显摆自己的高端服饰和车辆等。哪里都有仇富的心理。低调做人是个法宝。

孩子同学过生日，送礼物是十块、二十块的即可。最好了解对方的需求。不论礼物贵贱，一定要包装好，配上卡片，手写祝福语。去朋友、邻居家做客，不要空手。礼轻情意重，葡萄酒、水果、巧克力、点心、自己做的菜、鲜花等，真心准备的都是好礼物。

出入公共场所的大门，开门后记得回头看一眼，为紧跟身后的人扶门。

去卫生间一定记得冲水。还有人似乎与坐便器有仇，不能正确使用。这些行为都应该杜绝。使用卫生间后，让后面的人感觉不到前面使用者的痕迹，是一种基本的教养。

当然，还有很多细节。但是这些大面儿上的事情不要做错是第一位的。

如何快速建立新的人脉？

1. 多做义工

初来乍到，需要建立新的人脉。这里不流行吃吃喝喝、请客送礼，我的个人体会是，最有效、快捷的方法之一是多做义工。

加拿大社会是个流行义工的社会。人们喜欢做义工，也尊重做义工的人。工作可能不好找，但是做义工的机会却很好找。做义工的好处很多，除了认识人，更重要的是认识社会，了解许多事情的运作机制，体会这边的做事风格，学习一些方法，还能练习语言，熟悉风土人情，自己也开心。应该说，确实花了一些时间，但收效也极好。

我家孩子上小学时，我给学校做了早交通执勤的义工，受到老师、家长的赞誉，也获得他们的许多帮助。他们帮助我时，有人就表示：你帮助学校做义工，我们愿意帮助你。孩子在学校也获得老师和同学们的肯定，他也很开心，以我做义工为荣。我还因为做其他方面的义工而在专业领域有所发展，获益匪浅。

招收义工的地方可以是非盈利的，也可以是盈利的。无论什么机构，如果相关岗位需要招人，都会优先从义工中考虑。

2. small talk、喝咖啡

加拿大虽然不流行请客送礼、吃吃喝喝，但是人和人之间的交往也不是干巴巴的，不完全是公事公办，或者冷若冰霜。

同事、邻居或者学生家长等见面，还是挺喜欢聊天的。见面必问how are you之类的话，接下来就是small talk，比如谈某场比赛，谈孩子的课外安排。谈得最多、几乎成为万金油的话题是天气。

我不懂为什么加拿大人喜欢谈论天气，可事实就是如此。无论说什么话题，都能引到天气上。有一次我去波士顿开会，回来后去孩子学校执勤。校秘问我这几天怎么没来，我说去波士顿了，校秘接下来的话就是，那里的天气怎么样。那一天不只校秘这样问，遇到的几位经常聊天的家长也是这个套路，让我深刻地体会到了加拿大人有多喜欢问天气。因此，学习一下基本的描述天气的单词很有必要。

成年人常见的社交手段是约着喝咖啡。不要小看喝咖啡。如果你去公司上班，同事约你喝咖啡，最好跟着去。那表示同事希望和你有更多交流。如果是老同事，很可能会对你有很多提携。如果是邻居等约了去家里喝咖啡，不要忘记带小点心等小礼物。那样关系

才会越来越近。

3. 社交媒体：微信、脸书、推特、电邮

现在微信成了华人的主要联系媒介。通过微信朋友圈、微信群能获得不少资讯、结交新朋友。虽然出国后华人总觉得“一家亲”，但和国内一样，微信用户难免良莠不齐，因此保护自己的隐私很重要，有些交往还是要慎重。

其他族裔的人用微信的还是不多。因此，如果想扩大社交圈，应该多用西方的社交媒体。比如脸书、推特、领英等。在华人圈中相对容易沟通，毕竟语言、文化便利，但如果希望在本地深入发展，还是要多和本地人打交道，和多族裔的人打交道，不要画地为牢，给自己限定圈子。

电邮也很重要，许多人喜欢通过电邮联系。最好注册一个 gmail 的本地邮箱。电邮联系要回复及时、礼貌。有些国人有些奇怪的习惯，比如写电邮没有抬头、没有正文，惜字如金，有时候直接挂个附件就发来了。别人写了电邮，也不喜欢回复。在这边，这些做法都不利于沟通。无论电邮本身说的事情沟通得如何，收到一对一的电邮时，要及时回复，即使当时不能答复，也最好回复，说明情况。回复电邮要致谢，如果没什么可谢的，也可以说 thanks for your email，或者干脆就在结尾一律挂上 thanks。礼多人不怪嘛。

4. 各种组织、课堂

移民之后，人们总是能迅速地发现多种华人组织，比如校友会、同乡会、行业协会等。有宗教信仰的朋友会参加相应的宗教活动。此外，还可以参加政治团体，多参加政治、社会活动。比如去参加你愿意支持的抗议、示威活动，参加集会，等等。走出去，才能认识人，认识社会。要敢于、勇于、勤于发声，发声才可能和这个国家、社会有关联。

有文体爱好的，应该尽快去参加合唱团、舞蹈团、体育俱乐部、象棋俱乐部等。一方面利于熟悉环境、舒缓心情、找到归属感，另一方面也利于交往，大家有共同爱好，交往起来更容易，也容易产生信赖。

另外，还要勤于上课。政府开的免费英语课建议一定要上，学习英语，了解习俗。有的移民安置公司也有类似的课程，他们的课程都会安排实习，将来还会推荐做义工、工作。有条件的，建议去选些社区大学的职业技能课。那些课程都不难，一两个学期学完后，获得证书或者考取行业执照，找工作或者进入某个行业会很容易。

怎样交流能畅通无阻？

1. 肢体动作

加拿大人比较喜欢握手，尤其是男性之间。这倒是和中国一样。有一点有区别：在谈生意时，谈完了条件热情握手时，要慎重。有时候中国人握手是表示礼貌，但是对方可能会误以为握手成交。所以，当语言跟不上时，这点一定要注意。我就遇到过由此引发的误会。

对于女性来说，如果是工作、商务会谈，建议主动伸手握手，平时则随意，这也和中国一样。不同的是，有些族裔喜欢拥抱。一般来说，男性都不会主动去拥抱不熟悉的女性。女性在不想被拥抱时，完全可以拒绝，不必拘于礼节而去应付。

女性在这里可以坦然地保护自己。任何时候、任何地点，任何人都无权碰触女性的身体。只要女性不愿意，无论对方有什么理由，都可以拒绝。在中国，有些高位的人喜欢揩油、占便宜、潜规则，在这里是绝对不允许的。一旦发生，马上报警。同样，家暴在这里也是绝对不允许的。无论是配偶之间殴打，还是父母打孩子，都是零容忍。

除了握手、拥抱，其他肢体碰触大可不必。一般都是 No touch，就是不要碰触对方的身体及物品，除非彼此特别熟悉，而且对方不介意。

2. 礼貌用语

加拿大人的礼貌是世界出名的，遇到任何问题都会开口说 Sorry，连公车坏了，电子显示屏上打着的都是 Sorry。因此，在这里首先要学会的英语单词是礼貌用语。

如果是开口询问、请教，最好配以笑容，Thank you 及时跟上。否则对方的指点热情可能就会低落。如果没有听清对方的话，可以直接用疑问的语气说 Sorry，请对方重说。也可以说：Sorry, I can’ t catch the word. 对方说了 Thank you 后，我们要回复 You are welcome。有些国人比较含蓄，可能觉得自己心里感谢、抱歉就行了，不喜欢说，但是你不说，别人是猜不到的，还会认为你不礼貌，不利于沟通。

加拿大人见面特别喜欢问 How are you，或者类似的话。如果听不清，不知道怎么应对，一律笑着回复 good, good 即可。如果时间允许，就回问对方 How are you。倘若仅是路上的随便问候，过去了不问也罢。路人相遇，也可以简单地对视微笑。如果对方夸奖了你的狗、衣服、雨伞等，都一律回答 Thank you。当然，如果你一脸严肃地走过去，也没问题。不过如果是在自己的街区，最好不要太冷漠。

无论双方关系如何，是老师和学生、老板和下属、长辈和晚辈、不熟悉的异性，说话时都要目光接触。这一点和中国非常不同。在国内，尤其是挨批评时，如果学生看着老师，老师可能觉得学生是故意挑衅。但在这里，不进行目光接触，反而有问题。这一点得多注意。

说话声音不要大，这可能是许多华人的痛点，可能和中文讲话习惯、方言发声都有关系。但是在这里，人们说话声音确实都比较小，尤其是在公共场合，大声说话容易引人侧目，别人会觉得被打扰。低声说话是能够练习的，多练几次即可。关键是要认识到这一点的重要性。

我们的文化习惯认为，说话时面色沉稳，不露声色，是稳重的表现。但是西方人交流时眉飞色舞，肢体语言丰富。这也是一种文化差异。移民之后，建议适当改变，尤其是与其他族裔的人交流时，适当的面部表情、肢体语言有助于对方明白你的意思，尤其是在英语或法语不流利时，配合手势更有必要。我有几个朋友根本不懂英语，只能蹦着单词和西方人交流，就全靠手势帮忙。

3. 说话直接又含蓄

明白说话的分寸，其实是明白个体界限。中西方社会文化的差异有着深刻的宗教、历史渊源，人与人之间的关系、边界是个明显的体现。

相对于国内，这边的人际关系更直接，又更含蓄。

直接是指彼此的界限分明，同事间很少会拉帮结对地去喝酒、吃饭。大家上班客客气气，下班也客客气气。孩子们一起参加体育活动，一个组里的家长们也是如此。见面很热情地打招呼，但基本不聊什么具体的问题，除非特别想讨论或者打听。

孩子们从小被培养要独立思考、会礼貌拒绝他人，因此成年后更是如此。说来也很奇怪，用英文拒绝好像比中文容易。英文只要说 No，thanks 或者 Thanks, I am good，大概就可以了。用中文则总要客气地解释很多话。

含蓄是指，本地人很少直接批评、说负面的话。即使是老师、教练指导学生时，希望学生做到什么程度，也常说，如果你能那样就更好了。一般不会听到谩骂或者侮辱性的语言，比如你怎么这么笨啊等。批评采用三明治法，先表扬，中间含蓄表达希望，再表扬。人们聊天都是说好听的，即使对方吐槽，也会给予鼓励和正向的评论。

我是如何从怒吼妈妈变成零怒吼的？

网络上曾疯传一批关于家长陪孩子写作业而“饱受摧残”的段子。疯转完了、赚足点击量，对陪写作业这个难题依然无解——除了有人建议夫妻互相打赏，让陪伴的那位觉得是有偿陪伴，以赚钱的心态来舒缓焦虑。笑完了，不禁深刻同情国内的父母。作为曾经的“怒吼族”一员，我感到“脱离苦海”的欣慰。

一

坦率地说，在国内时，我没有受过多少陪写作业的苦。

迪迪在国内上了半年小学。他上的幼儿园重视个人修养和潜能开发，为了适应北京上小学的要求，大班时才开始教孩子拼音等。我不记得幼儿园留过什么家庭作业，即使留过也不会多。我们基本上是到了小学才感到家庭作业的压力。

迪迪的小学是刚成立不久的私立学校。我们选那所学校也是看中它重视德育、不强调分数，不会在一年级就学乘法。可是，入学后，家庭作业也不算少。当然了，比起其他学校可能不算多，但是和幼儿园比起来，还是挺不适应的。

每天做完作业家长检查后，孩子才能睡觉。迪迪的学习一般是他爹管，作业也常是他爹检查。有一个晚上，他爹外出回来得晚，我就检查了一次。记得是写“马”字，我检查得不细致，有几个“马”字的竖折勾的勾没有写出来，我没发现。结果第二天，迪迪的作业为此没有全对、没得小红花。之后，他禁止我再帮他检查作业。

但我也没少了吼叫。迪迪五岁时，我给他报了电子琴班。陪着他练琴时，我没少吼。每天练琴的结局就是我吼、他哭，他爹冲过来怒斥并威胁：“再这样就把琴扔了，别练了！”吼叫也发生在辅导迪迪学英语时。吼完了自己内疚得死的心都有，可是第二天辅导时又忍不住。

这一切闹剧终结于我们移民搬家。

二

真正意识到孩子的作业不用家长陪写、掺和是二年级时。有一次老师留了作业，让孩子们写写长大后想干什么。迪迪费了半天劲儿，只写出一句话。他爹英语不行，所以他只能让我看看。我修改了这句话的单词、语法错误，重新写好，让孩子抄了。辅导的时候我还想，有我这样给力的支持，迪迪的英语应该进步很快。

谁知道次日迪迪放学，带回来的“家长联络本”上赫然写着“请不要帮孩子改作业”。

小学时，每年开学要买一本印好的“家长联络本”。老师如果有通知，会让孩子们抄在本子上，家长回家翻看签字，就知道了学校的信息。本子第二天要交上去，老师检查一遍家长是否都看了，也会把与个别家长单独沟通的话写在上面。放学前发给学生，学生再来抄当日通知。

那天老师肯定是在批改作业时发现了我背后的“支持”，于是将这句提醒写在了本子上。我首先表示歉意，但也想知道为什么不能帮孩子改作业。老师回复说：“学习是学生自己的事情，学生应该独立完成。如果发生了错误，老师会指导、修改。”

有了这柄尚方宝剑，我可算解放了。以后迪迪的作业我连碰都没碰过，甚至问都没问过。

三

大约在“解放”后的两个月，我们才下决心给迪迪请了英语辅导私教。很多老移民都说孩子的英语不用额外补习，可是看到迪迪来了 10 个月，还是听不太懂老师和同学讲的话，我意识到需要补习了，因为每个孩子的发育、认知情况不同，如果长期听不懂，会为迪迪与人交往带来障碍。

我请了一位西方老师，每周来一次“一对一”辅导，地点是图书馆。老师非常和蔼、礼貌，也很自信，试课后告诉我们，她会帮助迪迪学好英语的，让我们不必担心。我问她，是否要我陪着一起学，因为迪迪可能有些地方听不懂，也许我可以回家辅导。她坚定地说，不需要。

她也留课后作业。第一次留作业时，她示意我过去，对我说：作业要求孩子自己完成，家长不必插手。孩子如果遇到困难，下次上课时会告诉她，她就知道哪里有问题了。如果家长介入，容易掩盖问题。但是，她想告诉我有哪些作业，以便提醒迪迪写作业。这一次我坚定地拒绝了，我说：“迪迪应该自己管理自己的作业。”老师非常赞同。

迪迪的英语私教持续到现在，暑假休息，其他时候基本没有中断过。而我却再也没有为他的英语辅导吼过。

四

四年级时，迪迪终于萌生了学乐器的想法。他要学打鼓。每周一次，每次三十分钟，上课时老师和迪迪单独在小教室，家长不需要进去。下课后，老师有时候会出来和家长打个招呼。老师要求迪迪每天练习，却不要求家长盯着陪练。

乐器、英语不用吼叫了，我的吼叫仍有发生。直到迪迪三四年级时，吼叫才彻底禁绝。能达到“零怒吼”的境地，主要是望子成龙意识的淡化。宽松的成长环境、生存环境、以享受生活为主流的价值观都有效地缓解了先前我对孩子“成才”的焦虑。成才不是上“藤校”，成才是努力做最好的自己。迪迪自我意识的形成、判断力的提高及“说不”能力的飞速发展也抑制了我对他的操控。我想这些也是虎爸虎妈在加拿大不流行的主要原因吧。

当然，还有一些其他方面思想意识的进步的促动。总之，有一天，“放下屠刀，立地成佛”，我再没有吼过迪迪。

五

迪迪四年级时，参加过“奥德赛”竞赛。“奥德赛”是全球性的青少年创意比赛，以学校为单位报名。在迪迪的鼓励下，我去做了裁判。比赛前，我参加过两次裁判培训，培训的重点之一是识别成年人干预的痕迹。每个参赛队都需要一两位家长做教练。教练的职责主要是看护孩子的安全、帮助采购、组织安排训练。“组织安排”仅限于人员、场地、时间的确定，维护现场秩序，绝不能插手项目设计。教练可以给队员读题目要求，却不能解释，更别说启发了。

就是说，队员们拿到题目，要自己讨论、设计情节、考虑道具制作等，所有这些内容方面的事儿，成年人都不能给予建议。孩子们如果要做工具，也是自己动手，除非动用电锯等危险的工具，家长可以帮忙，可也只是限于孩子让从哪儿切割就从哪儿切割的操作执行。

表演结束后，我们这些裁判要走上前去观摩道具，并和孩子们聊天。聊天的目的之一就是试图去发现是否有成年人的“贡献”。

和“奥德赛”提倡的精神一样，在加拿大，学校、课外班、课外活动，凡是孩子们参加的项目中，强调的皆为孩子的自律、主动、独立思考、创意能力，给孩子们更广阔的天地和更大的自我成长的空间，无需家长置喙，省却了“怒吼”的可能性。

不怒吼了，没有家长之间比拼的压力，家长们也就能免于陪伴之苦，而能够真正享受孩子们的成长之乐了。

孩子体育比赛的启示

一天，我带迪迪去打那一年开学后篮球俱乐部的第一场比赛。

比赛中，对方的一位队员摔倒了，起初大家没在意，继续投球，进球后发现那个孩子还没起来，比赛暂停。体育馆里瞬间安静下来，观战的家长和队员们的目光都投向那个倒地的孩子。他的教练跑上来，蹲下身问他情况。大概一分钟后，孩子抱着胳膊站起来了。全场爆发出响亮的鼓励的掌声。教练拍了拍孩子的背，手搭在他的肩上带孩子回到休息区。孩子的家长从观众席走下去，站在场地边，隔着球场对孩子双手竖起大拇指鼓励。孩子用教练给的冰袋敷着胳膊，观看接下来的比赛。

看到孩子没事儿了，场地上的气氛才松弛下来。家长们又开始热情洋溢地鼓掌、叫好。我的心跟着这一番起伏后也才释然。继而不由得为场上这个小插曲感叹。孩子的教育真的是靠一点一滴、成年人的言传身教、社会的浸染习得。不仅孩子如此，家长也跟着受影响。移民这些年，陪着孩子参加的一场场体育比赛带给我很多启发和教益。

1. 公平公正，给每一个孩子均等的机会

所谓的俱乐部，不是那种职业俱乐部，而是北美对孩子们课外运动班的统称。加拿大的这些俱乐部基本上都是民间非盈利组织，大部分的成立时间能追溯到 20 世纪五六十年代，由一些资深家长义工运营。参加成员交的年费主要是分担运动意外保险和场地费——比赛、训练场地是向市政府、教育局租用公园或学校体育馆，需要支付小额费用。队服、公共设备等基本靠拉赞助。

俱乐部对全社会适龄儿童开放，报名一般都是按照年龄（年级），不分优劣，不需考核。迪迪刚来两个月就报了棒球俱乐部。那时他和我的英语都很差，教练说的基本听不懂，全靠单独问教练或者队里的家长帮忙解释。第一年的棒球队里全是说英语的本地人（很少有华人的孩子打棒球），如果不是他们的包容和耐心，我们还真是很难坚持下来。

看到棒球飞来，迪迪常常下意识地躲，击球命中率极低。但是他不会当板凳队员，因为教练严格地按照规定安排队员上场——除了投手可以有侧重地选择，其他队员必须依次上场，一个赛季的比赛下来，所有的岗位要轮换过来。主教练和副教练别看都是义工，执行规矩毫不含糊。他们有出场记录表，赛季结束要交回俱乐部。

比赛场面一般都很和平，我独独见到过一位教练抗议。有位六年级的队员多次恶意冲撞对方，对方教练提议裁判将他罚下场，理

由是“这关乎比赛的公正，我们需要让孩子们知道什么是公正和正当的比赛方式”。

2. 鼓励认真、顽强，看重成长和乐趣

各项运动的俱乐部大同小异，都是比赛和训练相结合。即使第一次报名参加（很多俱乐部从 4 岁开始招生），也是每周一次训练、一次比赛。听起来不可思议，以前我无法设想 4 岁的孩子怎么参加比赛，看了几场后才明白。

每个俱乐部都有一套按照孩子年龄和发育特点设置的详细的“训练大纲”，不同年龄掌握不同程度的比赛规则。孩子们每年学几项，渐渐地就掌握了全套正式比赛的规则，技能也跟着上来了。这套方法非常实用，避免了拔苗助长。有些规则、技巧对低幼的孩子来说，难度大，学不好还会适得其反。

孩子们能在俱乐部快乐成长，除了规则的制定比较科学、技能学习有阶梯之外，更大的因素与本地的“课外班”不功利、从兴趣出发的理念和教练鼓励为主、指点却不谩骂的沟通方式有关。

不仅教练，队里的家长们都将孩子们的任何进步看在眼里。有一次迪迪棒球比赛时击到了一个球，家长们鼓掌后纷纷转身向我表示祝贺。一次比赛中，迪迪成功地从对方球员手里抢了一个球。比赛结束时，另一位爸爸还特意喊住迪迪，夸奖他那个球抢得好。

教练对孩子们的要求就是努力、不放弃，至于成绩如何则不会在意。俱乐部里听不到教练的批评、斥责。教练会反复、耐心地解释动作要领，要求孩子们学着做，但都是就事论事，绝不会有不满情绪。像迪迪这样表现不突出的，教练倾注的心血其实更多。迪迪也从来没有因为自己表现不好而感到自卑，他的感受是自己什么地方还有待于做得更好。

3. 讲究团结、支持，靠团队协作赢得集体荣誉

虽然规则不像正式比赛那么全面，但比赛还是很激烈。教练在保证全体队员公平上场的同时，也要做战略布局、考虑战术。队员们上场的表现真是尽全力拼搏，毫不含糊。

加拿大的文化强调个体，同时也强调团队精神。他们不是要为“集体争光”，而是讲究具体的配合。比如足球、篮球比赛中，队员们尽管在传球时慌不择路，可也需要学会考虑传给谁比较适合。迪迪踢足球时踢后卫，比赛后他有时候会说，本来想传给某个人，结果球踢得太近了（愿望是美好的，现实往往达不到）。

篮球比赛中，迪迪很少投球，总是会把球传给队友。问迪迪为什么不投球，是不是因为投球不熟练。迪迪说：“我投得很好。不过我总是把球传给投得更好的队员，希望我们能得分。”貌似争强好胜的孩子们，在比赛中在意的是团队成绩。自己的队员进球后，其

他队员会鼓掌，有的还跑去击掌鼓励、赞扬祝贺。比赛前，大家会围着教练，每人伸出一只手齐喊队名壮威。比赛后，这个仪式照旧，并加上和对方队员依次击掌的仪式。然后教练会召集大家说两句，分吃家长们轮流带的小零食（高年级不带了）。

本地人普遍认为，参与就是胜利，对于名次高低比较容易实现心理平衡。棒球最后一年的年赛，迪迪的队得了第五（一共十个队），当时有位队员的奶奶就说："真棒啊，为你们骄傲，Top 5!"比赛结束后大家会餐（俱乐部提供香肠热狗和袋装薯片），我向老奶奶学习，和第十名队中一位认识的妈妈说："你们也不错，Top 10啊。"那位妈妈笑得花枝乱颤，转头就喊她儿子，"凯文，你们不错啊，是 Top 10 啊。"然后和我说："是啊，孩子们真了不起，坚持了一个赛季！他们真是做得很棒！"

每位队员赛季结束时，都能领到一个金灿灿的奖牌，全队合影。授奖牌的仪式是低调的隆重——赛季结束时的聚会上，一个个队员被喊到名字后，依次走到教练身旁，教练授予奖牌，队员和两位教练合影。不管是谁上去，家长们都拿着相机或手机一顿狂拍，让队员颇有明星感。之后在全体家长和队员的掌声中走回去，为自己坚持了一个赛季感到光荣。

北美的大学招生时，也会考虑申请者从小参加过的体育活动，但除了明星队员要拿全额奖学金，招生官不会在乎一般申请者参加这些活动的成绩。据说，他们在乎的是一个学生是否有正向的兴趣、是否体脑全面发展、是否能坚持一项爱好多年等。

在这样的体育课外活动气氛中，孩子们感受更深的是运动的乐趣。

加拿大的高中教什么？

我参加本地高中补习，选了十二年级的英语。经由学习，更多地体会到加拿大学校的教育是如何润物细无声地影响学生，乃至社会的价值观的形成。

比如，我在那里学到一篇文章《生命中最重要的课程》，包含五则小故事，写得非常朴素、隽永。

故事一：保洁女工

进入大学后的第二个月，教授给了我们一次突袭的随堂测试。考卷对我而言不难，一路顺畅，直到看到最后一道题："写出学院保洁女工的名字。"

天啊，我怎么知道保洁女工的名字？我在走廊里遇到过她几次，她身材高大，头发是黑的，好像五十来岁，但是我从来没有问过她的名字。

考试结束前，有位同学问老师："教授，最后一道题会影响我们的分数吗？”

“当然了，”教授说：“在以后的生活、工作中，你们会遇到许多人。他们都很重要。他们值得被你们关心、在意，即使你们只是面带微笑地和他们问候一声。”

我永远不会忘记这一课。我也问到了她的名字，是多萝西。

故事二：雨中搭车

夜里11：30了，大雨滂沱，一位黑人老妇站在高速路边彷徨无助。她的车坏了，她只能等着有人让她搭一段顺风车。一位年轻的白人停下来请她上车——在种族矛盾激烈的20世纪60年代的美国，这是非常罕见的。青年把她安全地带到城里，还帮她找到了出租车。

老妇在匆忙中记下了青年的地址。七天后，青年人收到一台由商场送来的大彩电和一封信。信上说：

谢谢你在高速路上让我搭车。大雨不仅淋湿了我的衣服，也让我当时感到绝望。恰在那时，你来了。正因为你的帮助，我才能在丈夫临终前赶回家。上帝保佑你，为了你对我的和其他人的无私帮助。

落款是纳京高夫人。（注：纳京高是美国著名钢琴家，1965年辞世。）

故事三：永远记住那些为你服务的人

冰淇淋圣代刚流行的时候，一个10岁左右的小男孩走进一家酒店的咖啡厅，坐在桌旁。女侍者给他送来一杯水，问他要点什么。

“冰淇淋圣代多少钱？”他问。“五十分。”女侍者回答。小男孩把口袋里的钱掏出来，数了数，又问：“那么，普通冰淇淋多少钱？”当时很多人在等位置，女侍者有些不耐烦地回复说“二十五分”。小男孩说：“好吧，请给我一份普通冰淇淋。”

女侍者端来冰淇淋，顺便把账单放在旁边。小男孩吃完冰淇淋，去收银台付了现金后离开了咖啡厅。当女侍者回到桌旁收拾时，她哭了。在桌子上，冰淇淋空盘子的旁边是二十五分小费。（注：北美餐厅服务后，顾客一般把小费留在桌子上。）

你瞧，小男孩没有买冰淇淋圣代，是因为他想留点儿钱给侍者当小费。

故事四：我们前进道路上的障碍

古代，有位国王故意在进城的必经之路上放了一块大石头。他躲在石头后面偷偷观察路人的反应。一些有钱的商人和宫廷里的大臣经过，他们只是绕行而去。一些平民经过，他们抱怨为什么国王不派人把道路清理干净。人们来来往往，却没有一个人去把大石头挪走。

有一天，一个挑着担子的农民走来，他要进城卖蔬菜。路过大石头时，他把担子放在一边，转身去推大石头。石头太大了，他真是费了不少力气，不过终于把石头滚到了路边。他拍拍手回到路上，去挑他的菜。这时，他发现，石头下面原来压着一个钱包。打开钱包，里面有不少金币和国王留的字条。国王说，这些钱是对把石头搬走的人的奖励。

这位农民学到了一个许多人不明白的道理：前进道路上的每一个障碍，其实也都是一个改变我们状况的机会。

故事五：付出

许多年前，我在一家医院做义工。有位小病人叫利兹，她得了罕见的重病，唯一可以治愈的方法是让她五岁的哥哥给她输血。哥哥也感染过这种病，康复后血液中有抗体。

医生去向哥哥解释，问他是否愿意把他的血输给妹妹。小男孩脸上仅仅瞬间闪现了犹豫，接着便深吸一口气说："我愿意，如果这样能救活她。"

输血时，男孩面带微笑地躺在妹妹的病床旁边，看着妹妹的脸上逐渐有了血色。小男孩的脸色越来越不好看，他声音颤抖地问医生："我现在快死了吗？"

五岁的哥哥在医生最初询问时并没有理解输血的意思，他以为是要把全部的血液输给妹妹！

这就是十二年级的英语课学习材料。没有说教、励志、宏伟蓝图。

有读者问过我：加拿大怎么进行爱国主义教育？我仔细想了想，也问了孩子，还真没有。没有思想品德课、没有班会和校会，他们怎么进行品德培养呢？

犬子迪迪的学校某天放学后有义卖活动。义卖的商品是由一些家长、老师制作的点心、小吃；发起者是一位学生的家长。那位学生患了癌症，正在治疗。本地居民享受免费医疗，家里不需要为治疗花钱。家长组织义卖是有感于疾病的危害，为 Terry Fox 基金筹款，希望更多的人受惠，免受病痛。

Terry Fox 是加拿大的英雄。他 18 岁时得了骨癌，截肢后安装了义肢。因为深知癌症的痛苦，他决定通过长跑为癌症研究捐款。20 岁时，他在加拿大东端的纽芬兰省起跑，计划一路跑回家所在的不列颠哥伦比亚省。可惜只跑了五个月，便由于癌细胞扩散被迫终止。他于次年夏天去世，未满 23 岁。他的长跑受到加拿大全国的瞩目和支持，筹款迅速突破一千万加元。在他去世前，加拿大全国人口仅有 2400 万，而慈善捐款已经达到了 2700 万加元。如今，每年各地的学校和城市都会举办 Terry Fox 长跑和捐款活动。

对这样的爱心义卖，迪迪也很支持。他有五块钱，花了两块钱买了两块点心，把另外三块钱捐出了。而他这五块钱的来源也很有趣。

前一天他参加学校组织的游乐场之旅（门票和租车费每人 19 加元）。那次并非单纯去坐摩天轮、过山车等，而是还要在游戏后记录心跳等参数，寓教于乐地学习人体知识。游乐场里有一个额外收费的项目，一次五加元。有位同学想玩却没有带钱，迪迪就花了十加元请他和自己一起玩。迪迪本来想“请客”，可义卖那天同学家长给带了钱，还给了迪迪。同学之间在双方自愿的情况下互相请客也很正常，但一般的家长都很注意边界感，不愿意让孩子“占便宜”。

常有家长问我，加拿大的基础教育有什么好，让我比较中加两国的教育利弊。其实这个问题没有标准答案——任何事情都不是十全十美的，利弊得失完全看个人的价值判断。在我看来，加拿大教育的优点是对传授知识、培养能力、塑造价值观都很重视。

有的父母问，留学有什么用处。我会反问他们，他们认为教育的意义何在，什么是理想的人生。答案绝不应该仅仅是让孩子上个好大学、学个热门专业、赚取高薪、买学区房——如果仅是这些，恐怕既是家长也是孩子的悲哀，是家长教育焦虑、孩子“空心病”的根源之一。要知道，一个只关注自身利益的人很难有幸福感。

教育应该是爱的风拂过孩子的心灵，是教书育人，是一个灵魂对另一个灵魂的触动。正所谓“大音希声，大象无形”，成功的教育靠的绝不是让孩子背诵守则、纪律，而是成年人的言传身教、潜移默化，是一点一滴的浸润。

陪读父母如何更好地支持孩子？

我的一位同学说，孩子到加拿大读书，可是到了之后就变了。我问他怎么变了，他说：变得不听话了，也不刻苦了。以前在家时，父母说什么听什么，周末从来不休息，都是在刷题。可是刚去了加拿大两个月，就变成父母说的话没用了，喜欢自己安排了。让他周末复习雅思，他说要去玩。同学特别担心，说感觉孩子不是自己的了。

我听了倒是觉得这种情况挺正常。孩子自己会安排时间多好啊，也懂得劳逸结合，周末会安排出去玩。敢于出去闯荡，英语才能快些过关。再说，加拿大这边也不用那么勤奋，正常学习就可以了。

这是个很典型的例子。孩子被送出来了，家长的认知跟不上，对加拿大的社会、学习、生活情况等不够了解，因此与孩子产生了隔阂。

那么，家长怎么能跟上节奏变化呢？

1. 对加拿大人际关系边界感的认识

刚移民来的时候，我参加过一个文化说明课程。讲师说，这里的人很在乎边界感。边界分两种。物理边界，就是我们身体之间的界限。一般来说，就是手臂伸开作为半径画圆的范围。公共场合，排队的时候不要靠太近。走路时，尽量不要贴周围的人太近（当然，闹市除外）。

另一个边界就是人际关系方面的。加拿大的学校教育从小就强调这一点，同学之间不要互相碰触，在意别人的物权，孩子们有责任照顾自己的物品、维护自己的权益。比如自己的起居饮食要在一定程度上自理，自己的作业自己完成，自己的时间要会安排等。整个社会强调个人的权利、独立性。那么相应的，也就强调孩子的独立性、自我意识。父母对孩子这种独立意识有充分认识，才能减少矛盾。

从小，迪迪的作业就不用家长管。现在他功课多，课外活动多，时间冲突了，他自己做取舍——或者加班写作业，或者放弃课外活动。我们只负责接送，他也不希望我们干涉他常规的时间安排。我们只负责提醒而已。

从小时候起，课外班上什么，上不上，我都要征求孩子的意见。有一次，几位朋友说要组团去露营，我报了名，想带着儿子一起去。我提前买了帐篷，孩子放学回来看到了。问我是干吗的，我解释了，他马上说："你要带我去，问我了吗？征求我的意见了吗？"虽然他是开玩笑，可也说明他有独立意识。

平时，孩子穿什么衣服，冷不冷，留什么样的发型，一顿饭吃多少、饱不饱，零花钱是买汉堡还是买巧克力，去麦当劳买什么饮料，参加同学聚会送什么礼物等日常小事，家长就更不必操心了。

在这边长大的孩子，独立意识相对要比国内的强。他们高中毕业时，从理论上说，就应该独立生活了。有些上大学的孩子还需要家长经济支援，可是大多数孩子都会搬出去住，自谋生路。这一点和国内非常不同。更大的不同是，家长不大可能再指导、管理孩子的人生了。孩子学什么、找什么工作、在哪儿上班、结不结婚、和谁结婚等，都是自己的事情了。家长如果试图去管，势必容易引起矛盾。

有些华人父母在孩子成人后感到不适应——孩子还住在家里，也不交钱，可又不听父母的建议。这其实是父母的问题。这些父母不舍得"收房租"或者把孩子"赶出去"，纵容了他们的寄生，但又没有办法改变社会的大气候——成年的孩子不需要父母的指导建议，所以两边不讨好。

因此，父母们一定要观念与时俱进，形成人际边界意识。

2. 对加拿大生活习惯的一些认识

随着孩子越来越适应学校生活，可能会和家长有一些方面的明显冲突。

比如，语言的礼貌习惯。我们中国人的辈分观念很强，平时说话也比较随意，很少说“谢谢”等礼貌用语，更不怎么会和孩子说。当孩子习惯这边的礼貌时，就很容易觉得家长不礼貌。另外，孩子在学校听的都是如沐春风的建议，回家时遇到疾风骤雨式的吼叫，心理落差肯定是巨大的。

再比如公德意识。有些国人随便惯了，在公共场合也不注意形象，随地吐痰或吐口水，说话声音大，买东西时容易着急、不等其他人走开就去拿，有的还喜欢占小便宜，认为没人说就没关系，其实都是不对的。被孩子看在眼里，孩子也容易产生反感情绪。这边的学校、社会都很注重公德修养。

再比如肢体接触。这边的孩子们比较习惯不随意碰别人的身体，也不习惯被碰。有的家长，尤其是妈妈们，看到孩子可爱，有时候忍不住摸摸头发、脸蛋，整整衣服等，孩子是不习惯的。我就亲眼目睹过一场——妈妈来看孩子，孩子来了三年了，已经比较本地化了。妈妈说着话，忍不住就去帮闺女整理长头发，闺女下意识地躲，没躲开，表现得很不开心。

最让孩子们受伤害的是拿孩子去和其他人比较。这是非常典型的中国人的思维，在加拿大是不存在谁比谁好或者不好的观念的。孩子们从小就觉得自己是独一无二的。拿他们去做比较，还经常把他们比成那个不好的一方，孩子自然非常抵触。

归根结底，家长如果仍旧沿用国内的一些观念、做法，不了解加拿大社会生活的特点，就很难和孩子顺畅沟通，也就很难支持、帮助孩子成长了。

3. 加拿大社会有阶层吗？

中国社会和加拿大社会非常不同，有些社会现象甚至有天壤之别。

最直接的表现之一体现在等级观念方面。有人写文章说加拿大教育是社会阶层划分的阴谋。我说这个写作者肯定没来过加拿大。加拿大社会，至少在普通的社会生活层面，是没有阶层、阶级区别的。

在加拿大，如果是公民，选票会寄到你家里。任何人都可以参选，没有政党依托的可以以独立候选人的身份参选。

社会生活中没有特权，没有后门，没有关系。去医院就诊，根据病的轻重缓急来排队。上学不用找关系，不用送礼，不用求老师。没有特供商品，大家都是平等的。穿得再好，也要对人说话客气、礼貌，不能对服务人员颐指气使。

那种所谓的“顾客是上帝”的想法，可能只有中国有。在这里，商家感谢客户消费，但是也不会任由顾客作威作福。当然，这个词有点儿夸张。意思是说，如果客户在店里不礼貌，同样得不到好的招待，甚至被拒绝服务。根本不存在蓝领阶层被歧视的事情。

我曾见过吹着口哨的垃圾工，轻快地跳上车后，转身向路人挥手问好。我家的垃圾分类不符合标准时，垃圾工拒收垃圾，并在垃圾桶上贴了字条说明原因。第二周，我们仍然没有掌握要领，垃圾工继续拒收并贴条警示。

刚来时，因为买手机及话费套餐时和电话公司有些误会，差了两百加元的福利，我就去打电话要求解决。在国内时，如果投诉，好像一般要说话比较硬气才行。来这里我也带来了这个习气。第一次打投诉电话，和西方人说话，用英语，语言本来也不利索，我又带着情绪和很多抱怨，结果主管非常冷淡，拒绝了我的投诉。后来我逐渐学会礼貌说话，再投诉，退费无往不胜。

这些说明什么呢？加拿大的就业情况和中国不同。蓝领的收入并不低，受到的尊重并不少，享受的社会资源是一样的。这也是本地学生高中毕业直读大学比例低的原因。

就业市场不同，情形不同，学生们选择读什么学校、专业，是读大学还是学技能，是在加拿大读还是去美国，也会和国内的选择因素不同。在这里，更尊重孩子的兴趣、爱好、愿望。在收入差别不大、社会地位均等、机会均等的情况下，为什么不让孩子做喜欢做的事情呢？

说到做事风格，这里不实行 under table 的事情，就是别在桌子下讨论，别搞歪门邪道，甚至提也不能提。前几年，一位中国女士带着成年的女儿入美国边境，因为带的奢侈品没有报关，被扣留。本来不是大事儿，可是那位女士竟然和官员说，可以送礼，还可以有更过分的贿赂。官员特意录音后起诉了她。在加拿大人们也会这样做。

我的切身体会是这边的公务人员不会特意刁难人，能办事的时候，他们会尽量帮你想办法。比如有一次我申请美国快速通关卡，是我自己忽略了要在加拿大居住满两年才能申请的条件，交了表格，他们也让我去面试了。面试官员查入境时间，发现不够。他反复计算，最后很抱歉地和我解释说，他按照能想到的各种可能性计算了我的居住时间，都不够。他建议我，如果还想办，可以投诉他，这样案子能被重新审理。

这样的例子并不少。每次办事，他们都会努力帮忙促成。实在不行了，那就是不行了。不必有其他想法。

但是如果提出贿赂，反而招致反感，有人甚至会报警。在加拿大办事，最好遵守规则。规则的维护靠大家。都想走捷径，最后大路都被毁了。

4. 加拿大社会是“大家拿”吗？

加拿大是个福利国家，对穷人非常照顾，有人戏称为“大家拿”。其实不是，只是它的福利好，比如覆盖全国的医疗保险。

加拿大的福利制度分得很细，总体来说，对穷人、残障人士的照顾很多。有些人表示不满，认为这是养懒汉的方法。

其实这种看法本身属于丛林法则的观念。所谓丛林法则，是自然界里生物学方面的物竞天择、适者生存、弱肉强食的规律法则。在自然界中，丛林法则受大自然的客观因素影响，不受人性、社会性的因素影响。自然界中的资源有限，只有强者才能获得最多。而人类社会中，如果一味地追求优胜劣汰，尊重强权，是对文化和文明的践踏。

正是保证了穷人的福利，才让整个社会的尊严得到维护。加拿大的基尼系数很低，3.0 左右。基尼系数越低，社会越和谐稳定。反之，民众的戾气重，社会矛盾一触即发。

在加拿大，主流声音是支持福利的，支持对穷人、无家可归者的救助，支持对弱者的帮助。学校中对残障学生的帮助很多。小学的班里，一般都会照顾最差的学生的进度。我见过刚来的华人家长嫌班里的进度慢，去校长那里投诉，说残障孩子影响了班级学习进度，结果碰了一鼻子灰。

在这样的文化、福利情况下，社会、学校对功利主义是很反感的。中国人常说“无利不起早”，“天下熙熙皆为利来，天下攘攘皆为利往”，很多事情都要与功利相连。而在这里不是这样。前文我也多次写过，加拿大可以算是一个义工国家。大家都喜欢做义工，赞赏义工，鼓励义工。在学校里，成绩不是最重要的，同学之间也不知道彼此的成绩，老师也不会以成绩来评判学生。老师对学生一视同仁。因此，家长如果一味地强调成绩，追求成绩，就与这边的成长环境格格不入了。

很多高中生的家长关心如何申请大学，如何为申请大学做准备。其实从长远看，这些都不是问题。如果真的能跟上，并按照加拿大社会生活、学校教育的这些观念、思路去培养孩子，孩子一定差不了，前途不是问题。

中国文化如何帮助华人的孩子顺利成长？

许多华人家长对一个问题困惑——是否要教孩子学中文、了解中国文化。在加拿大，中文、中国文化如何帮助我们的孩子顺利成长？

1. 为什么很多华人家长不重视孩子的中文？

我刚移民来的时候，老移民就说，不需要给孩子补英文，要抓他们的中文。否则他们很快就会忘记中文。这不是危言耸听。我也确实见过十几岁时来的孩子，因为家里说英文、听英文、读英文书，二十岁时就不会说中文了，甚至听也听不懂。还有一位十来岁的女生，来的时候中文作文可以写 2000 字，而到了高中时，二外宁可选韩文也不敢选中文。他们的家长都痛心疾首地叮嘱我，不要放弃孩子的中文。

然而，并不是移民或者留学生的家长对孩子的中文都这样重视。恰恰相反，许多人都不重视。原因可能是：

有的家长说，随他们去吧，反正我们家长会说英文，在家说英文就可以，而且加拿大也是英语/法语国家，会不会中文不要紧。很多家长强调孩子的法文——当然，法文是加拿大的法定语言，应该给予重视。也有的家长让孩子学二外时，选西班牙文、德文，认为将来对工作发展有帮助。

有的家长甚至是反对教孩子中文的。他们认为中文没有用，尤其是拼音，会干扰孩子学英语、法语等拼音文字的思维。所以孩子能听懂就算可以了，说不说无所谓，读和写更不必要求。

有的家长看不上中国文化，认为中国文化糟粕太多，会影响孩子健康的价值观。

有的家长认为说中文时人们忽视礼貌问题，不如说英文讲究。有位妈妈就说，她儿子说中文和说英文判若两人。我自己也有这样的感受。外出购物时，售货员说英文时都挺有耐心，改成中文马上开始不耐烦、各种催。

有的家长认为学中文浪费时间，去补习浪费钱，不如干点儿别的。反正中文也没什么用，申请名校、申请大学，并不会加分。

有的家长会推到孩子身上，说孩子不喜欢学中文，不喜欢说中文。这种我还真见过。有个小姑娘能听懂家里人说中文，但她不肯说中文，只说英文。我问她，为什么不说中文。她说，说中文的时候，她的舌头不舒服。

有的家长认为，孩子小时候就算学会了中文，说得好，上了高中也会放弃，等以后工作了更不会记得，学了也白学。

有的家长觉得教在这里出生的孩子说中文很麻烦，总需要不断地解释，不如直接说英文轻松。孩子不重视，家长也忙于其他事情，而疏忽了学中文。

可能还有其他更多原因吧。总之，综合各种原因，就是一些华人对孩子学中文不重视。

2. 就算对申请大学没用，家长也不能放松孩子的中文学习

上述家长不重视中文的理由听起来都好像很有道理，也是现状的总结。而且确实，周围亲友、邻居的孩子，无论是否会说中文，都没耽误读大学、拿 offer。

有些家长就说，学中文没有用嘛，何必浪费精力和金钱去投入呢?

这其实是个短视的看法。学中文可能对申请大学没有用，但是对孩子的成长和发展一定有用。

简单说一下理由：

首先，华人子弟不学中文的时候，其他族裔的孩子在学。先生曾经在一所课外学校教过中文。有个班里有七个孩子，三个是韩国人。我自己也曾短暂地教过一段中文，一个学生是韩国青年，三个学生是一家西方三姐妹，从 10 岁到 6 岁。他们为什么要学中文呢?

有两个现成的答案。

有一年朋友请客，在座的有位著名投资公司的总经理，他是地道的西方人，MBA 毕业。他两个儿子都学中文，为了学中文，请了中国保姆。我问他为什么。他说，会法文、德文、西班牙文的人都会英文。从沟通的角度来说，北美和欧洲用英文没问题。孩子如果想成为全球化人才，必须学会一种东方语言。

另一个故事给出的答案就更直白了。朋友 T 是第三代俄罗斯移民，他女儿今年上了大学，选了商业。我们聊天时，他并不感到轻松，他担心女儿将来缺乏竞争力，理由就是不懂中文。用他的话来说，现在都是和中国人做生意，不懂中文能干什么！听说清华招海外学生，他都想让女儿试试。可惜我帮他查过之后，发现不行，因为清华要求有一定的中文基础。他说，等女儿大学暑假时，他打算送她到中国，一边教英文，一边学中文。

其次，除了对未来职业发展有用外，学中文、了解中国文化对于华人的孩子来说，更大的用处是内心的丰富、自尊心的提升。文化是心灵的外衣，没有文化的心灵是赤裸的，很容易荒芜。一代移民的孩子或者小留学生，很难真正体会到西方文化，所以很容易与社会主体文化有隔阂，年龄越大越明显。很多移民老了喜欢叶落归根也有同样的原因。有了自己的民族文化，就会弥补这样的疏离。

文化如同一座房子。任何人晚上都喜欢睡在房子里，不能常年露宿街头。不论对待房子的态度，或者房子本身的式样、构造、丰简度，有总是聊胜于无。如何葆有自己祖国的文化呢？美籍印度裔指挥家祖宾梅塔说，和自己文化保持关联的两个途径是语言和食物。

第三个学中文的理由也是非常现实的。孩子不会中文，家长就不能用中文和他们交流，只能用英文交流。孩子长到青春期，开始叛逆，这种沟通、指导就会很艰难。家长的英文再好，也好不过本地成长的孩子，一张口肯定从语法到词汇都不地道，首先就丧失了权威性。另外，即使孩子不挑错，家长用英文表达也是有限制的，有些道理不一定讲得明白。而且，随着年龄的增长，家长和孩子讨论的问题势必也越来越深入，包括许多社会、宗教、文化、价值观问题等。这些事情都不是那么容易能用英文表达清楚的。

基于此，家长们要意识到，就算对申请大学没有帮助，中文学习也不能放弃。

3. 在对加拿大主流文化的借鉴下，中国传统文化如何去粗取精？

就文化本身来说，没有好坏，都是人类多年积累而成。但是放在不同的时代，不同的历史、经济、社会发展背景下，不同的文化对个体和群体的影响不同。

从我们个体的自身发展、生活、幸福度来说，应该尽量选择与自己的价值观相匹配的社会生活。有的人崇尚丛林法则，认为社会生活中就应该弱肉强食、适者生存，那么他应该去那些竞争激烈的国家。反之，如果认为人人平等，每个人不论贫富都有生存和生活的尊严，都应该受到尊重，政府和社会应该多支持弱者，那么这样的人应该去比较温和的国家生活，比如加拿大。

在倡导多元文化的“移民大拼盘”加拿大，什么是主流文化？引用一位网友的说法，加拿大人大多数“爱好和平，不爱争斗；爱好自由，不爱专断；爱好平等，不爱歧视；爱好公正，不爱偏袒；爱好公开，不爱掩藏；爱好宽容，不爱计较；爱好传统，不爱新奇；爱好自然，不爱都市；爱好幽静，不爱喧闹；爱好礼貌，不爱粗俗；爱好朴质，不爱浮华”。我觉得他总结得很好，深以为然。

那么，在这种主流文化中，中国的传统文化如何去粗取精？

在说这个问题之前，先说一下中国的传统文化。谈到中国的传统文化，唯有四个字可以概括，那就是“博大精深”。单纯从思想观念来说，诸子百家作为基础，后面又发展出无数分支。百花齐放，很难一言以蔽之。

但是其中也有些相对主流的思想，比如儒家思想。儒家思想的核心是十二个字，“仁义礼智信忠孝悌节恕勇让”。大体上可以理解为：仁，人与人之间相互友爱。义，追求公正、合理。礼，一系列的道德规范，礼节、仪式。智，智慧，才能。信，诚实、讲信用、不虚伪。忠，尽量帮助他人，忠诚，忠君。孝，孝敬父母。悌，敬爱、顺从兄长。节，气节、节操。恕，己所不欲，勿施于人。勇，果断、勇敢。让，谦让，礼让。

一目了然。礼，需要与时俱进；忠孝悌，需要三思，其他和当代加拿大的主流思想没有差别。忠孝悌，如果抛开等级观念、长幼尊卑的观念，以平等的观点看待父母子女、手足之间的关系，就不是问题了。至于忠君，是一个早已被淘汰的观念，需要抛弃。

因此，中国传统观念并不会妨碍我们在加拿大的幸福生活。相反，如果能深刻地理解并遵守，还能帮助我们更好地适应新生活。

思想之外，中国的传统文化中，古典诗词、绘画、工艺品也非常能滋养身心。尤其是古代诗词。如果想了解中文的魅力，一定要多读古代诗词。

接触古典诗词、古代思想，对学生来说，有利于丰富他们的头脑，提高认知能力，有助于写作。思想和文字表达是融会贯通的。有些学生不会写作，不是英语的问题，是脑子里没有思想、缺乏素材积累。

任何一个民族都有自己的文化，与自己的民族文化完全剥离会导致身份认同的混乱，人会感到巨大的失落、迷茫。这是人类的天性。作为拥有仍在延续的最古老文明之一的族裔，华人更应该珍惜自己的传统文化，在思辨中继承。

4. 在加拿大，如何支持孩子有效地学中文？

在海外，没有中文的语言环境，孩子们学中文着实不易，但也不是没有办法。

迪迪六岁半来加拿大，在国内上了一年级的一个学期，拼音学完了，认识几百字，读书能读《小熊兄妹》那样字比较多的绘本，也开始读郑渊洁的《舒克和贝塔》。

来到加拿大之后，迪迪英语学得比较费力。我去和老师约谈过，老师当然是一番鼓励安慰，给出的建议是继续在家里给孩子读中文故事，让迪迪提高中文阅读能力。我们完全照办，不断地给孩子买他想看的中文故事书，从国内带来。

二年级的夏天，周六我开始给迪迪讲古诗。为了提高迪迪的兴趣，当时组织了好几名周围的同龄小朋友上课。从三年级开始，我先生接手，他自己写教案，给孩子们讲中国历史故事及各朝代的文学人物、代表诗作。四年级开始让孩子们写作文，从 100 字写起，很快能写到 800 ~ 1000 字。六年级始，准许孩子们打字写作文。现在迪迪八年级，中文完全没有问题，不输于国内同龄孩子的中文认读能力。

从对迪迪的中文培训中，我们总结了一些有效地支持孩子们在英文环境中学中文的方法。而在所有的支持手段之前，是诱导提升孩子学中文的兴趣。没有兴趣，一切都是徒劳。诱导提升兴趣见仁见智，要结合实际情况而论，从点滴入手，随时随地，持之以恒，斗智斗勇。

第一，先学会拼音。这也是汉语教学的步骤。学拼音虽然慢，可是磨刀不误砍柴工，学会了能认识更多的字。

第二，学会查字典。孩子们一般不喜欢查字典，家长要多引导、示范。会查字典后，孩子们的认读能力也能自行提高不少。

第三，让孩子们读喜欢的书。无论是绘本还是故事，孩子们喜欢读什么就读什么。尽量帮助孩子买书或者借书，不要舍不得投资买书。中文书便宜，一顿饭钱就能买来不少孩子喜欢读的书。

第四，家长的陪伴阅读。小的孩子，家长可以指读，就是指着字来读。对于大的孩子，家长们就可以像一般读故事那样，但是要让孩子看着书。陪伴阅读需要耐心、时间，最好一个故事能反复读，这样孩子认字会快些。

第五，家里最好是纯中文环境，在家里不说英语。对于英文好的父母，切忌在孩子说英文的时候回应他们，那样孩子就会一路说英文，即使听父母说中文，他们也回答英文。在这方面，我有中文环境下学蒙文的例子可以借鉴。我有些同学是蒙族，在完全使用中文的环境下，回家就讲蒙语，以至于进了家门，孩子们条件反射想到的就是蒙文词汇。

第六，借助影音作品。孩子们都是爱看电视的，可以选一些电视节目让他们看。如果怕孩子对国内一些现象不能理解，可以多看卡通片和历史、文化、自然纪录片。还可以看英文电影的中文版，比如《哈利·波特》。开车外出，可以在车里播放中文评书、故事、歌曲等。

第七，家里如果有几个孩子，可以让大孩子给小孩子读中文故事。

第八，家里尽量保留中国饮食传统，假期多带孩子回国。

第九，无论国内时事如何，评论时就事论事，不要当着孩子面贬低中国传统文化、中华民族。

第十，最关键的是父母要督促孩子坚持，坚持，再坚持！迪迪的中文课每个周末一次两个小时，除了假期，没有无故间断过。虽然是亲爹教课，对作业也没有放松过。为了让孩子们“心甘情愿”地写作文，这位老师也使出了洪荒之力，以至于迪迪总结说：“最深的套路来自亲爹。”

无论多么艰难、进展如何缓慢，在孩子们上大学、脱离家长的管理之前，都不要放弃孩子的中文学习。学中文，是在孩子们的心中埋下火种。即使他们可能一时使用得不多、不利索，但是有了火种，将来需要的时候迟早会燃起，至少让他们在孤单时内心感到温暖。

如何帮助孩子学英文、补中文？

迪迪小学一年级放寒假时，我们搬家来加拿大。抵达次日为迪迪报名，第三天送他去学校。迪迪的英文学习不算快，老师比较关注，时常督促他从班里或学校图书馆借书。

书虽然是绘本，可迪迪还是觉得太难，许多单词不认识，他不想看。那时候，迪迪的中文已经读皮皮鲁、舒克和贝塔了，英文却还不能读绘本。巨大的落差必定让孩子觉得受挫。

怎样才能鼓励孩子读英文书呢？我想不出别的办法，只能陪伴阅读。我希望孩子感觉到父母的支持。无论孩子遇到什么困难，父母都会不遗余力地去帮助。遇到了英文这座大山，我们不仅督促迪迪去攀登，也会一起帮他攀登。如果仅仅是站着吆喝，催孩子，孩子很容易有逆反心理、畏难情绪。我也希望通过自己的身体力行，让孩子认识到，学习不能偷懒、没有捷径，遇到困难只能咬牙一步步克服。

我用最笨的办法，就是我查了单词，弄明白意思，再把绘本上的英文翻译成中文讲给迪迪听。查出来的单词，也只是蜻蜓点水地领着迪迪过一遍，并不要求迪迪记住多少，因为不想让孩子觉得有压力。英文书的意思虽然看不懂，但是画得很有趣。在听了我的中文翻译、弄明白意思后，迪迪开始喜欢不断地翻书看图画。

刚开始借的英文绘本没有几个字，比较好对付。后来逐渐加码，有了完整的句子，需要查的单词就多了起来。后期查的一本中，一个讲攀登珠穆朗玛峰的故事，我清楚地记得查了六十多个单词。

这样陪了迪迪大概几周。随着认识的单词越来越多，渐渐地，迪迪敢自己看英文绘本了，不需要我事先查单词翻译。

有些英文绘本书有中文译本，比如《卡尔文与霍布斯》、“苏珊博士”系列；有些有中英文对照本，比如《查理布朗》，这些书迪迪更喜欢看。孩子其实对于词汇的意思不是那么讲究，有些词句连猜带蒙也能对付。

无论读中文还是外文书，刚入门时，兴趣比正确重要，尤其是对于孩子来说。没有兴趣，孩子们很难主动前进。

迪迪自己看英文书后，虽然不用全书查单词，可是遇到不会的单词，他也会随时问，我就马上帮他在电脑上查。遇到一些他不懂的知识点，影响到他理解书的内容，我也会随时帮他上网检索，或者就我知道的意思解释给他。这样做虽然比较麻烦，却可以有力地支持迪迪阅读，尤其是读一些复杂的内容。谁都有畏难情绪。如果读的书满眼是生词，或者有些关键点不理解、卡住了，都不容易读下去。在提问中，迪迪看完了英文版的《希腊神话》《世界战争简史》等“大部头”。

能及时提供支持，也得益于我们搬家过来时，用心为迪迪选择了看书的地方。

迪迪看书的地方被爱称为“小狗窝”，在我书桌对面的一块地毯上。此地的房子一般会把进门的大厅设计为接待客人的客厅和餐厅。我们没有遵守这个习惯，把客用餐厅的地方当作我的书房。摆了一张正方形的桌子，让迪迪和我在一个书桌学习。桌子对面靠墙的地方铺了地毯，迪迪常看的书沿着墙摆放一行。我们尽量不去踩小狗窝的地毯，如果一定要踩，也会脱掉拖鞋。这样做的目的是强调小狗窝的神圣地位不容侵犯。客人来了，偶然践踏小狗窝，如果迪迪在场，我会提醒客人不要踩。小狗窝里还放了台灯，以满足光线需要。

迪迪很喜欢小狗窝。每天有空的时候，就趴在那里看书。有时候上学前几分钟，他背着书包也要趴在那里看几页书。

在迪迪读四年级之前，我常坐在小狗窝里给他读中文书。移民来加拿大后，迪迪阅读中文书的能力也在持续进步——二年级就能读《哈利·波特》中文版。可是，可能觉得那么多字太难了，或者故事的开头不够引人入胜，有时候他会对一些书感到没兴趣。这种时候，一般我会给他读个开头，读一两章，等读出兴趣了，迪迪会自己接着读下去。这也是陪伴阅读的一部分。即使是孩子认字后，家长也可以应孩子的要求给他读故事。

陪伴阅读不仅家长可以给予孩子，手足之间的促动作用也很大。我在这边有个朋友，她家老大来的时候是四年级，之后的两年中文开始退化，不喜欢读中文书了。他们就让老大给两三岁的老二读故事书。效果还不错。小的能安静地听故事，大的能主动读中文书。

我们对迪迪的陪伴阅读，还包括随时分享他的情绪。孩子看书看到好玩儿的事时，喜欢随口读给我们听。我小时候也有这个习惯，所以完全能理解，即使时常在写作中被打断，也不会怨怪迪迪。

这个习惯的意外收获是能及时发现迪迪认错的字或读错的音。我们纠错的态度是就事论事，直接说那个字应该读什么，不枝不蔓，决不加之以批评、挖苦等负面评论。比如不会说“这个字说了好几遍了，怎么还读错”之类的。

通过迪迪读书时随口说出来的话，我们也能了解他的一些认知、思想动态，便于交流一些平时不容易交流的问题。比如关于性的问题。有一次，迪迪复述特洛伊木马的故事时，面色平静地说出某人和他的妻子在神像面前“睡了”，这种行为让神觉得冒犯，因此他们受到了惩罚。他没有就“睡了”的问题提问，我也就没有解释。后来，迪迪从书架上翻出《嫁给太监》。其中涉及太监的一些特征，他觉得奇怪，顺口就会问。我回答时尽量科学化，简明扼要。迪迪也没觉得有什么特别。

席慕蓉在一篇文章中写过，她儿子读《福尔摩斯》时害怕，总是隔一会儿就喊：“妈妈，在吗？”希望家里有人能给他壮胆。迪迪去年暑假读英文版的《福尔摩斯》时也是一样的情形。我在书桌前写作，他就趴在旁边读书。我去沙发看书，他抱着书跟过来。读到紧张的地方，迪迪忍不住地说“好紧张啊，好紧张啊”。他需要舒缓心情。

父母对孩子阅读的支持是多方面的。除了分享情绪，随着成长，迪迪也喜欢就其中一些事件、观点和我们讨论。讨论观点的时候，我们和迪迪是平等的，像朋友一样。对于孩子一些貌似幼稚的问题，我们也尽量不说负面的话。有时候他爸爸偶尔会说：“你现在还太小，这些事儿你不知道。”我就马上跟着打圆场，说：“慢慢了解就知道了。现在先了解着。”

孩子的理解能力虽然有局限性，但是不能一味否定。只要孩子有想法，有疑问，就应该鼓励他们表达。他们的一些观点与成人的常规看法不同，也不是就不能说。有些知识点我们也不知道的，会建议他自己上网查查。有些观点我们不赞同的，会说“对你的观点我们持保留态度”。他如果表示不理解我们的观点，我们就说“你慢慢体会一下，可能就明白了”这类的话。

和孩子礼貌对话，一方面是受本地人说话礼貌、委婉的影响，另一方面也是尊重孩子的表达权利。任何人都有权利表达观点，表达也是一项基本人权，无关乎所谓水平的高下。让孩子畅所欲言了，父母才可能走入他的内心世界。我们也在不断地提醒自己，不要一听孩子说什么就炸锅，让他说完了，再冷静地评判会更好。

从初中开始，迪迪爱上了沙发。他经常坐在或者趴在沙发上读书。关于迪迪在沙发上看书，之前我也有顾虑。我不希望迪迪养成总赖在沙发上的习惯，希望他坐在桌前的椅子上。因为我觉得坐在椅子上才能专心读书、写作业。沙发给我的感觉是懒散，休闲。我自己就很少坐沙发。后来我想通了。每一代人的成长环境不同，生活志趣也不同。对于在加拿大成长起来的迪迪，享受生活是他们从小接受的观念，不同于二十世纪七十年代出生的我的艰苦朴素的成长理念。坐得舒服了，读书也会舒服。至于姿势，除了考虑视力保健的因素，我们也放松很多，不要求坐得多直，只是额外在沙发那里放了一盏地灯，提醒迪迪看书时一定把地灯也打开。事实证明，迪迪也没有赖在沙发里。坐在沙发上的时候，一般也比较规矩。但是我们不让迪迪坐在沙发上写作业。

搬家来加拿大之后，对迪迪买书我们依旧非常支持。无论是中文书还是英文书，只要迪迪想买的，基本能如愿。

加拿大这边的书比国内贵不少。可是如果和外出就餐相比，也不算贵。有些家长不舍得给孩子买书，不是价格或者经济原因，而是由于价值判断的问题。其实换个角度想，一餐饭再好吃，也是几十分钟的享受，而买一本书带来的阅读享受要长很多。更何况，读书能滋养精神。

加拿大的图书馆非常好，借阅方便，如果想看什么书，图书馆馆藏没有，他们还可以购回，通知申请者来借。迪迪从市、学校图书馆都借书，但他仍然想自己拥有一些喜欢的书，便于随时反复读。我们理解孩子想拥有自己喜欢的书的心情，当迪迪说要买书时，从来不会让他从图书馆借来看看就算了。

为了促动迪迪读中文书，每次我从国内的网站买书时，都会喊他过来选几本他自己喜欢看的书。有时候我自作主张地给他买几本我认为他应该看的书，不过他往往都不喜欢看。无论是我特别希望他看的，还是迪迪自己选的，如果到手后他确实不喜欢看，我们也不勉强。

迪迪热爱读纸书。现在他虽然喜欢玩电脑游戏、用电脑，却不喜欢看电子书，理由是不像纸书的感觉那样好。送他 kindle，他也不看。尽管纸书有很多缺点，比如占地方、太沉重、不方便携带，可是纸书阅读的质感是电子书没有办法比拟的。迪迪能喜欢读纸书也是他的福气，而且可以减少他的屏幕时间及对屏幕的依赖。

对于屏幕，迪迪这一代和我们的观念完全不同。网络、电视、电玩已然是他们生活的一部分。有时候我觉得可能我自己把这些事物妖魔化了，尤其是电玩。迪迪很喜欢玩《三国杀》的游戏。我说里面的人物、情节都是鬼扯，迪迪不服气，他认为就他所知，里面的人物至少都是曾经真实存在的，情节可能有些是编造的。为了证明这一点，迪迪在陆续查实每一位游戏中的人物。查清楚某个偏门人物后，他还喜欢向熟悉三国的爸爸发起挑战，看看爸爸是否知道。绝大多数人物是难不倒迪迪爸爸的，偶尔遇到他不知道的，他要认真检索一番。

随着成长，迪迪对我们陪伴阅读方面的需求会日渐减少。我们很庆幸能从一开始做对这件事情，在他中英文学习、阅读的道路上给予助力。

受“歧视”不是因为你是华人

不少朋友提出来，加拿大是个好地方，也想移民或者送孩子留学，但是听说华人出去都被当作二等公民、受到歧视，怎么办?

且不说是否出来了就一定被当作二等公民、受到歧视，我们先看看自己的观念、言行是否符合外面的标准。

根据我的观察和体验，除了极端的种族主义因素，如果某人被其他人否定，一般是由于这个人言行不当。同理，“华人受歧视”，常常是因为某些华人举止粗鲁，为华人群体抹黑，造成了社会其他族裔对华人的偏见。

1. 当自己人都汗颜时，怎么能获得其他人的善待？

前天晚上，女友来访。春假时她带着孩子参加了我们这边一个华人旅行团。参团的感受是“难怪别人不喜欢华人呢，连我自己都觉得难为情”。旅行过程中，孩子们大呼小叫，在飞机上跑来跑去，不顾空乘忙不迭的阻止。而家长们视而不见。她实在看不下去了，拉住一个熟悉的小朋友让他别在飞机上跑，家长竟然不高兴，嫌她约束了孩子“自由的天性”。

到了参观景点，人们呼朋引伴，大声吆喝，打破景点的宁静。原本有几个游客在安安静静地溜达、观看（可能还有顺便沉思人生的），结果大多数都扫兴地离开了。场地迅速被国人占领。其余几个没离开的“钉子户”也不能愉快地结束行程，因为一些国人拍照是不顾及别人存在的。为了拍摄某个景点，或者说着“sorry”让别人离开、让出最佳拍摄点，或者就直接站在人家旁边，用肢体语言迫使对方挪动。

抽水马桶都用了多少年了，还有人用了卫生间不冲水。女友说，熟人离开单间，她一进去，马桶中丰富的内容赫然在目。吓得她赶紧冲水，暗自庆幸是她进来了。听到外面的喧哗，她出来才知道，有团友不懂或者不愿意排队，进来就直接奔单间，受到排队的人呵止，不过这些团友还是昂首阔步地进去了。

吃自助餐时，孩子们疯抢，胡乱插行，等不及别人用完夹子，随便拿夹子夹各种菜，结果把咖喱沾到了水果上，番茄汤染得到处都是。普遍拿得超多，吃两口就不想吃，盘子里几乎还满满的，又去拿新的。家长不管，还鼓励孩子多尝试。说到这里，我俩都认为，尝试没错，你倒是少夹点儿先尝尝再说。如果我们的孩子这样，我们会建议孩子下次少拿点儿，先尝尝，也会尽量帮孩子打扫剩下的菜。可是团员们都不这么想，他们还是谈笑风生地吃自己的，任由那些美味被白白浪费。

餐厅分自助餐区和点餐区。自助餐区人多，装潢也一般，点餐区格调高雅，只有几桌人。有些团员就自作主张地坐到了点餐区。毕竟作为成年人，有点儿廉耻，不好意思端着自助餐的盘子过来，便唆使孩子去端来。他们拉女友也过去，女友不好意思，说不点单不要去了，被他们耻笑胆子小。

吐槽之后，女友又忍不住感叹，真是丢人啊。我懂，因为我也遇到过。我曾和一个土豪在咖啡馆见面。由于他用的是国内的信用卡，收银员给他笔让他在收费单上签字。他签字后，故意一扔，把笔摔回收银员面前。当时场面真是尴尬，我不知道怎么办，本能地把笔拿起来，又轻轻放下。收银员低声说了声“谢谢”。

2. 外面的世界和有些人想的不一样

一位朋友说，他有一位亲戚全家移民加拿大，孩子也是在加拿大出生。本来岁月静好，孩子四岁开始打棒球，但上学后出现了问题。亲戚不甘于公校的“平凡”，想从公校转到私校。一方面更认可私校的教育质量，另一方面固执地认为私校是阶层的象征和体现，能实现人脉积累。可惜事与愿违，私校考试没有通过。亲戚一怒之下带孩子回流，回中国继续理想中的中产阶层生活。

回流之后，孩子如愿上了昂贵的私校，同学的家长都是 CEO。

可是这位亲戚吃惊地发现，孩子在加拿大学的棒球技术竟然不如中国培养得那样“过硬”。亲戚很失落，孩子则更不适应国内教练随手打学生的习惯。当孩子对因为“技术不过关”而被教练拍打头盔表示惩罚不理解时，亲戚的解释是教练“打你是对你好”。孩子认为家长是撒谎，结果导致家长和孩子发生观念冲突。

朋友问，这件事是否反映出国外的棒球技术不如中国、教练不够负责。我说：“这是家长对加拿大误解的典型案例。由于误解，导致白折腾了一场移民。”

虽然西方的私校中，确实有些家长的工作职位比较高，同学的家庭间也会有些交往，但远不是中国国内的那种“积累人脉”。更重要的是，私校和中产阶层没有必然联系。“阶层”这个词，至少在加拿大完全不适用。

与中国自古的等级观念不同，西方文化从古希腊时代就提倡人人平等、强调人的尊严。在这样的文化传统中，再加上人口太少导致人力资源匮乏的因素在加拿大社会中几乎体会不到阶层（阶级）的区别。无论是清洁工还是上市公司董事长，人们都互相尊重，享受均等的教育、医疗等公共资源，谁都没有特权，个体不会由于经济收入而在心理上有优越感或自卑感。

一些国人来了加拿大不适应，还会拿出在国内时的“架子”，不喜欢遵守公共规则。有位熟人在温哥华机场送人，故意在临时泊车下人的地方停车、送人进机场。管理人员制止，他却和人家笑嘻嘻地用家乡话说着“马上走”，然后扬长而去，结果回来后看到逾千加元的罚单。他和我说起此事时抱怨，认为加拿大人太不懂规矩。他以为自己是亿万富翁，仍可以像在家乡一样，随意在任何地方停车。继而又无所谓地说，这点罚款不算什么。

3. 观念跟不上，言行自然有差距

2017 年中国的出境游客达 1.29 亿人次。截至 2017 年，中国移民人数约为 1000 万。这两个数字都不算低。这么多人出境，每一个人的言行都代表着华人。而人们的言行是否妥当，首先受制于观念是否与海外接轨。当观念不能接轨时，言行肯定会出问题。

比如，西方否定功利主义。西方社会从 18 世纪康德提出“人就是人，而不是达到任何目的的工具”开始，就对功利主义开始了反思和批判。

当年我在孩子学校做义工时，遇到过一位来自国内的家长的质疑。他微笑着问我：“你每天在这里早交通执勤，风里来雨里去的，是为了什么？”我被问懵了：“不是学校说，需要有家长执勤吗？这样孩子们到校时比较安全。”他继续深入探讨：“我的意思是，你这么辛苦，没有报酬，是不是因为你执勤，孩子分班就能得到照顾？”

再比如，西方对于丛林法则持批评态度。在国内，丛林法则不鲜见。有些成年人为了“赢”不惜代价，对于落后者、失败者毫不

同情，反对社会对穷人伸出援手。总是质疑政府对难民、无家可归者、吸毒者的救助。

这几天隔壁城市出了一起重大医疗事故。起因是政府给予医院的资金不足，医院只有一位麻醉师，晚上麻醉师下班后，手术无法进行，导致华裔病人死亡。一些华人相约要去市政府门前抗议。抗议的内容是市政府投入太多资金给流浪者建屋，疏忽了医院投入。这件事，其实直奔主题，要求市政府加大对医疗的投入就好。市政府即使不给流浪者建屋，也不一定就会给予医院足够的支持。一名麻醉师的设置与市政府救助流浪汉实在缺乏必然联系。而那些言必声讨政府救助流浪汉的华人观念如何，一目了然。

总而言之，不了解海外的情形，不更新某些观念，不注意自己的言行，无论是移民还是送孩子留学，都是白折腾、劳民伤财，不仅令自己引人侧目，给当地社会带来坏影响，也让自己的生活不愉快。

图书在版编目（CIP）数据

过我想过的日子：加拿大移民生活亲历记 / 辛上邪 著 . — 北京：东方出版社，2019.1
ISBN 978-7-5207-0638-4

Ⅰ.①过⋯ Ⅱ.①辛⋯ Ⅲ.①移民—加拿大—指南 Ⅳ.① D771.138-62

中国版本图书馆 CIP 数据核字（2018）第 243333 号

过我想过的日子：加拿大移民生活亲历记
（GUO WO XIANGGUO DE RIZI: JIANADA YIMIN SHENGHUO QINLI JI）

作　　者：辛上邪
策　　划：陈　卓
责任编辑：李伟楠
责任审校：凌　寒
出　　版：东方出版社
发　　行：人民东方出版传媒有限公司
地　　址：北京市东城区东四十条 113 号
邮　　编：100007
印　　刷：北京京都六环印刷厂
版　　次：2019 年 1 月第 1 版
印　　次：2019 年 1 月第 1 次印刷
开　　本：880 毫米 ×1230 毫米　1/32
印　　张：9.25
字　　数：186 千字
书　　号：ISBN 978-7-5207-0638-4
定　　价：42.00 元
发行电话：（010）85924663　85924644　85924641